시편을
마음에
채우다

SHAPED BY GOD
by John Piper

Copyright ⓒ 2017 by Desiring God
Originally published in English under the title *Shaped by God*
By Cruciform, Minneapolis, MN USA.

This Korean edition translated and used by permission of Cruciform,
Minneapolis, MN, USA
Through rMaeng2, Seoul, Republic of Korea.

This Korean Edition Copyright ⓒ 2019 by Word of Life Press,
Seoul, Republic of Korea.

이 한국어판의 저작권은 알맹2를 통하여
Cruciform과 독점 계약한 생명의말씀사에 있습니다. 신 저작권법에 의하여
한국 내에서 보호 받는 저작물이므로 무단 전재와 무단 복제를 금합니다.

본서에 삽입된 QR코드로 연결되는 〈개역개정 성경〉 음원의 저작권은
GOODTV(기독교복음방송)에 있으며, GOODTV(기독교복음방송)로부터 허락을 받아 사용하였습니다.

시편을 마음에 채우다
ⓒ **생명의말씀사** 2019

2019년 11월 25일 1판 1쇄 발행
2020년 1월 28일   2쇄 발행

펴낸이 ㅣ 김재권
펴낸곳 ㅣ 생명의말씀사

등록 ㅣ 1962. 1. 10. No.300-1962-1
주소 ㅣ 서울시 종로구 경희궁1길 5-9(03176)
전화 ㅣ 02)738-6555(본사) · 02)3159-7979(영업)
팩스 ㅣ 02)739-3824(본사) · 080-022-8585(영업)

기획편집 ㅣ 구자섭, 유영란
디자인 ㅣ 윤보람
인쇄 ㅣ 영진문원
제본 ㅣ 정문바인텍

ISBN 978-89-04-16689-3 (03230)

저작권자의 허락없이 이 책의 일부 또는 전체를
무단 복제, 전재, 발췌하면 저작권법에 의해 처벌을 받습니다.

마음이
방향을
잃었을 때

시편을
마음에
채우다

존 파이퍼
박상은 옮김

생명의말씀사

차례

들어가는 말 우리에게 시편이 중요한 이유 · 6

1장 길 잃은 마음에 **시편 1편**을 채우다 · 8
"복 있는 사람은……"

2장 낙심한 마음에 **시편 42편**을 채우다 · 32
"너는 하나님께 소망을 두라"

3장 후회하는 마음에 **시편 51편**을 채우다 · 64
"주께서 멸시하지 아니하시리이다"

Shaped by God

| 4장 | 자녀의 마음에 **시편 103편**을 채우다 | · 98 |

"내 영혼아 여호와를 송축하라"

| 5장 | 분노하는 마음에 **시편 69편**을 채우다 | · 126 |

"주의 분노를 그들 위에 부으소서"

| 6장 | 새로운 마음에 **시편 96편**을 채우다 | · 164 |

"그의 영광을 백성들 가운데에 선포할지어다"

초대 하나님은 우리의 마음을 원하십니다 · 192

들어가는 말

우리에게 시편이 중요한 이유

시편은 구약 성경 중 가장 많은 사랑을 받는 책입니다. 시편만큼 널리 사랑받는 책이 또 있을까요? 그 이유는 아마 시편이 다른 어떤 성경보다 많은 생각과 감정을 '경험하게' 하기 때문인 것 같습니다. 시편은 가장 높고 위대하신 하나님께 우리의 '마음'을 이끕니다.

2008년 'Think and Feeling with God'이란 제목으로 시리즈 설교를 하며, 저는 시편이 우리의 생각과 감정을 어떻게 빚는지, 그리고 우리의 생각과 감정이 어떻게 함께 일하는지 나누었습니다. 저는 우리가 하나님께 가장 만족할 때 하나님을 가장 영화롭게 한다고 믿습니다. 특별히 우리가 하나님에 대해 올바른 생각과 감정을 지닐 때 말입니다. 하나님을 완전히 잘못 이해한 상태에서는 우리가 하나님께 얼마나 만족하든 하나님은 영광 받지 않으십니다. 그럴 때 우리는 하나님에 대해 지루함 외에 다른 감정을 느끼지 못할 것입니다.

 우리의 생각과 감정은 정말 중요합니다. 그래서 이 시리즈 설교를 한 권의 책으로 묶었습니다. 작은 책이지만, 저는 이 책을 정말 좋아합니다. 우리의 감정이 하나님을 더욱 열망하고, 우리의 생각이 하나님을 더욱 명확하게 이해하며, 그래서 이 둘이 조화를 이룰 때 우리는 삶에서 기쁨과 평화와 소망과 용기와 능력을 누릴 것입니다.

 제가 이 책을 좋아하는 만큼 당신도 이 책을 좋아하게 되기를 기도합니다.

_존 파이퍼

세상의 헛된 즐거움에 맞설 유일한 소망은 하나님의 진리가 주는 영원한 즐거움입니다. 세상 즐거움이 그것들을 오래 바라봄으로써 일깨워지듯, 하나님의 진리가 주는 영원한 즐거움도 우리가 마음을 주야로 성경에 둠으로써 일깨워집니다.

1장

길 잃은 마음에 **시편 1편**을 채우다

"복 있는 사람은……"

시편 1편

복 있는 사람은
악인들의 꾀를 따르지 아니하며
죄인들의 길에 서지 아니하며
오만한 자들의 자리에 앉지 아니하고

오직 여호와의 율법을 즐거워하여
그의 율법을 주야로 묵상하는도다

그는 시냇가에 심은 나무가 철을 따라 열매를 맺으며
그 잎사귀가 마르지 아니함 같으니
그가 하는 모든 일이 다 형통하리로다

GOODTV 개역개정 성경
시편 1편 오디오클립으로 연결됩니다.

악인들은 그렇지 아니함이여
오직 바람에 나는 겨와 같도다

그러므로 악인들은 심판을 견디지 못하며
죄인들이 의인들의 모임에 들지 못하리로다

무릇 의인들의 길은 여호와께서 인정하시나
악인들의 길은 망하리로다

성령님이 새로운 생각과 감정을 주지 않으시면, 누구도 복음을 믿어 하나님을 사랑하고 그리스도를 따를 수 없습니다. 그러기에 거듭나는 일은 한 사람에게 일어날 수 있는 가장 큰 기적입니다. 그러나 이렇게 거듭났다고 해도 그는 완전하지 않습니다. 거듭난 사람은 참으로 새롭고, 참으로 살아 있으며, 참으로 영적이지만, 여러 가지로 부족하고 미숙합니다. 갓난아이처럼 말입니다.

초대 교회 신자들은 불완전한 생각과 감정을 가진 새신자들이 어떻게 하면 올바른 생각과 경건한 마음을 추구하게 될까 고민했습니다. 그 해답 중 하나는 시편에 침잠하는 것이었습니다. 시편은 신약에서 가장 많이 인용되는 구약의 책입니다. 시편은 교회의 노래집이자 시집이며 묵상집이었지요. 시편은 예수님의 가르침, 사도들의 가르침과 더불어 초대 교회 신자들의 생각과 감정을 형성하는 데 큰 영향을 미쳤습니다.

이 짧은 책에서 제가 전하고 싶은 것이 바로 우리의 생각과 감정을 빚는 시편의 힘입니다. 저는 시편의 힘이 여러분의 삶에 영향을 미치고 깊이 자리하기를 바랍니다. 여러분이 하나님 중심적이고 그리스도를 드높이는, 시편에 흠뻑 젖은 생각과 감정을 가질 수 있기를 기도합니다. 이러한 생각과 감정만이 사람들을 돌보고 그리스도께 영광 돌리는 삶 가운데 열매를 맺는다고 믿기 때문입니다.

시편에 대해 알아야 할 세 가지

하나님은 어떻게 시편을 통해 우리의 생각과 감정을 빚으실까요?

이를 살펴보기에 앞서 우리가 시편에 대해 알아야 할 세 가지가 있습니다. 바로 시편은 교훈이라는 것과, 시편은 시라는 것, 시편은 하나님께로부터 왔다는 사실입니다.

시편은 교훈적이다

시편은 하나님과 사람 그리고 인생에 대한 교훈을 줍니다. 시편을 읽으며 우리는 하나님에 대해, 사람에 대해 또 인생에 대해 알게 되지요. 세상의 모든 시가 교훈을 담고 있지는 않습니다. 그러나 시편은 다릅니다.

시편 1편만 보아도 시편이 교훈적이라는 사실을 알 수 있습니다. 시편 1편은 시편 전체의 서론 격입니다. 시편 1편 2절은 어떤 의미에서 시편 전체의 시작이라고도 볼 수 있지요. 그렇다면 2절은 무엇이라 말하고 있습니까? "오직 여호와의 율법을 즐거워하여 그의 율법을 주야로 묵상하는도다."

율법은 히브리어로 '토라'입니다. 토라의 일반적인 뜻은 '교훈'이지요. 즉 시편은, 단순히 하나님의 법 규정이 아닌 하나님의 교훈을 묵상하라는 부르심으로 시작하는 것입니다.

또 시편의 구조를 생각해 보십시오. 시편은 시편 1편, 42편, 73편, 90편, 107편으로 시작하는 다섯 권의 책으로 이루어집니다. 그리고 각 권은 특별한 종류의 찬양으로 마무리됩니다. 이 같은 구분은 시편을 흔히 '율법서'로 불리는 모세오경(창세기, 출애굽기, 레위기, 민수기, 신명기)과 나란히 두려는 의식적인 노력으로 여겨져 왔습니다.[1]

---

[1] "시편 또한 다섯 권(시편 1-41편, 42-72편, 73-89편, 90-106편, 107-150편)으로 구성되었다는 사실은 의미심장하다. 시편 편집자들은 독자들이 하나님의 탁월한 가르침인 토라와 시편 사이의 유비를 파악하기 바랐다. 간단히 말해 시편은 신자들에 관한 하나님의 교훈으로 읽고 노래해야 한다. 애초에 하나님에 대한 신자들의 반응으로 시편이 기록되었다는 사실과는 상관없이 우리는 이제 시편을 신자들에 대한 하나님의 말씀으로도 이해해야 한다." J. Clinton McCann, *A Theological Introduction to the Book of Psalms: The Psalms as Torah* (Nashville: Abingdon Press, 1993), 27.

그러므로 시편이, 의인은 주님의 율법을 주야로 묵상한다는 시편 1편의 메시지로 시작한다는 것은, 시편 다섯 권 또한 모세오경과 같이 우리가 주야로 묵상해야 할 주님의 율법임을 나타내려는 의도일 것입니다. 이러한 이유와 그 밖의 이유들로 볼 때 시편은 하나님과 사람 그리고 인생에 대한 교훈으로 쓰였다고 할 수 있습니다.

시편은 시다

시편은 시입니다. 이것이 '시편'이라는 말의 뜻이지요. 시편은 시로 읽히거나 노래로 불리도록 지어졌습니다. 시편이 시와 노래라는 사실은 왜 중요할까요? 바로 시와 노래는 정서를 일깨우고 감동을 전하기 때문입니다. 그러기에 시편은 우리의 생각뿐 아니라 감정에 관한 것이기도 합니다.

시편을 교훈으로만 읽는다면 제대로 읽었다고 할 수 없습니다. 시편은 노래이자 시입니다. 사람이 노래, 곧 음악과 시로 진리를 표현하는 이유는 무엇일까요? 이는 진리에 어울리는 정서를 표현하기 위해서입니다.

시편이 많은 그리스도인에게 깊이 사랑받는 이유 중 하나는, 그 안에 놀랍도록 다양한 정서가 표현되었기 때문입니다.

- **외로움** "주여 나는 외롭고 괴로우니 내게 돌이키사 나에게 은혜를 베푸소서"(시 25:16).
- **사랑** "나의 힘이신 여호와여 내가 주를 사랑하나이다"(시 18:1).
- **경외** "세상의 모든 거민들은 그를 경외할지어다"(시 33:8).
- **슬픔** "내 일생을 슬픔으로 보내며"(시 31:10).
- **후회** "내 죄악을 아뢰고 내 죄를 슬퍼함이니이다"(시 38:18).
- **통회** "상하고 통회하는 마음을 주께서 멸시하지 아니하시리이다"(시 51:17).
- **낙심과 불안** "내 영혼아 네가 어찌하여 낙심하며 어찌하여 내 속에서 불안해 하는가"(시 42:5).
- **수치** "수치가 내 얼굴을 덮었으니"(시 44:15).
- **환희** "주의 구원으로 말미암아 크게 즐거워하리이다"(시 21:1).
- **경탄** "이는 여호와께서 행하신 것이요 우리 눈에 기이한 바로다"(시 118:23).
- **즐거움** "오직 여호와의 율법을 즐거워하여"(시 1:2).
- **기쁨** "주께서 내 마음에 두신 기쁨은 그들의 곡식과 새 포도주가 풍성할 때보다 더하니이다"(시 4:7).
- **반가움** "내가 주를 기뻐하고 즐거워하며"(시 9:2).
- **두려움** "여호와를 경외함으로 섬기고 떨며"(시 2:11).

- **평안** "내가 평안히 눕고 자기도 하리니"(시 4:8).
- **근심** "내 눈이 근심으로 말미암아 쇠하며"(시 6:7).
- **바람** "여호와여 주는 겸손한 자의 소원을 들으셨사오니" (시 10:17).
- **소망** "여호와여 우리가 주께 바라는 대로 주의 인자하심을 우리에게 베푸소서"(시 33:22).
- **상심** "여호와는 마음이 상한 자를 가까이 하시고 충심으로 통회하는 자를 구원하시는도다"(시 34:18).
- **감사** "내가 대회 중에서 주께 감사하며"(시 35:18).
- **열심** "주의 집을 위하는 열성이 나를 삼키고"(시 69:9).
- **고통** "오직 나는 가난하고 슬프오니"(시 69:29).
- **확신** "전쟁이 일어나 나를 치려 할지라도 나는 여전히 태연하리로다"(시 27:3).

시편은 우리에게 교훈을 주는 동시에 성경의 다른 어떤 책보다도 분명하게 우리의 정서를 일깨우고 빚도록 계획되었습니다. 시편을 원래 의도된 대로 읽고 노래한다면, 그 시어들에 의해 우리의 정서와 생각이 빚어질 것입니다.

시편은 하나님께로부터 왔다

우리가 시편에 대해 알아야 할 마지막이자 가장 중요한 사항은, 시편이 하나님의 영감으로 쓰였다는 사실입니다. 시편은 사람의 말일 뿐 아니라 하나님의 말씀이기도 합니다. 즉 하나님의 인도하심으로 쓰이고 구성되었다는 뜻입니다. 우리가 제대로 이해하기만 한다면, 시편은 우리의 정서를 올바른 방향으로 이끌 것입니다.

시편이 하나님의 영감으로 쓰였으며 신뢰할 만하다는 이유를 성경에서 찾을 수 있습니다. 바로 예수님의 말씀에서 말이지요. 예수님은 시편을 하나님의 말씀으로 믿으셨습니다.

마가복음 12장 36절에서 예수님은 시편 110편 1절을 인용하며 이렇게 말씀하셨습니다. "다윗이 성령에 감동되어 친히 말하되 주께서 내 주께 이르시되 내가 네 원수를 네 발 아래에 둘 때까지 내 우편에 앉았으라 하셨도다 하였느니라." 예수님은 다윗이 "성령에 감동되어" 말했다고 믿으셨습니다(행 4:25, 벧후 1:21 참조).

요한복음 10장 35절에서 예수님은 시편 82편 6절을 인용하며 "성경은 폐하지 못하나니"라고 말씀하셨습니다. 요한복음 13장 18절에서는 시편 41편 9절을 인용하며 "성경을 응하게 하려는 것"이라고 말씀하셨습니다. 예수님은 시편이 신뢰할 만하다고 믿으셨습니다.

따라서 시편은 사람의 말인 동시에 하나님의 말씀이기도 합니다. 하나님은 그분의 목적을 사람을 통해 각 시편에 나타내셨습니다. 그러기에 우리가 시편을 읽고 노래할 때 우리의 생각과 감정이 하나님에 의해 빚어집니다.

시편 1편에 관한 세 가지 질문

우리가 이 책에서 다루는 '생각과 감정'이라는 주제를 시편 1편에서 찾을 수 있습니다. 이제 시편 1편에 대해 다음 세 가지 질문을 던지며, 우리의 생각과 감정을 빚는 시편을 더욱 알아보려 합니다.

1. 시편 기자는 왜 그렇게 시작했을까?

"복 있는 사람은 악인들의 꾀를 따르지 아니하며 죄인들의 길에 서지 아니하며 오만한 자들의 자리에 앉지 아니하고 오직 여호와의 율법을 즐거워하여 그의 율법을 주야로 묵상하는도다"(1-2절).

시편 기자는 왜 "복 있는 사람은 악인들의 꾀를 따르지 아니하며 죄인들의 길에 서지 아니하며 오만한 자들의 자리에 앉지 아니하고"(1절)라는 말로 시작했을까요? 그냥 "악을 행하지 말고, 죄를 범하지 말고, 오만하게 굴지 말라."라고 할 수도 있었는데 말입니다. 왜 '악'과 '죄'와 '오만'이 아닌, '악인'과 '죄인'과 '오만한 자'를 집중하게 했을까요?

그러니까 시편 기자는 왜 우리가 영향을 받는 누군가에게 초점을 맞추었을까요? 왜 악인들의 영향을 받지 말고, 죄인들의 영향을 받지 말고, 오만한 자들의 영향을 받지 말라고 반복해서 경고한 것일까요?

그 이유는 시편 기자가 여기서 대조하려는 것이 '악' 대 '의'가 아니라, 무엇이 미치는 '영향' 대 다른 무엇이 미치는 '영향'이기 때문입니다. 다시 말해 시편 기자는 우리의 마음을 빚는 두 가지 방식을 대조하고 있습니다. 그는 이렇게 질문하는 것입니다. "당신의 생각과 감정이 악인과 죄인과 오만한 자에 의해 빚어지게 할 것인가, 아니면 주님의 교훈에 의해 빚어지게 할 것인가?"

시편 기자가 1절을 이렇게 쓴 이유는 2절과 대조하기 위해서입니다. 세상(악인, 죄인, 오만한 자)에 관심을 두면 세상의 방식을 기뻐하게 됩니다. 그러므로 세상에 관심을 두는 대신 "오직 여호와의 율법을 즐거워하여 그의 율법을 주야로 묵상"(2절)하십시오. 그것이 복입니다.

누구도 의무감 때문에 악인의 꾀를 따르지 않습니다. 누구도 의무감 때문에 죄인의 길에 서지 않습니다. 누구도 의무감 때문에 오만한 자의 자리에 앉지 않습니다. 우리는 스스로 원해서 악인의 꾀를 따르고, 스스로 원해서 죄인의 길에 서고, 스스로 원해서 오만한 자의 자리에 앉습니다.

우리가 그들을 따르기 원하는 이유는, 그 방식에 매력을 느낄 만큼 그들을 유심히 지켜보았기 때문입니다. 어떤 의미에서 우리는 그들을 묵상한 것이며, 그 결과 그들의 방식을 기뻐하게 되었습니다. 즉 그들에 의해 우리의 생각과 감정이 빚어졌습니다. 이것이 세상적인 것에 대한 갈망이 생겨나는 방식입니다.

이런 결과는 세상적인 것과 세상 사람들의 방식을 바라봄으로 시작됩니다. 우리는 마음을 어지럽히는 것들을 뒤쫓고 헛된 약속들에 귀를 기울입니다. 그러다가 그것들을 바라보게 됩니다. 그리고 그것들을 너무 많이 생각함으로써 그것들을 기뻐하게 됩니다. 그렇게 세상 사람들의 꾀를 따르고, 그들의 길에 서고, 그들의 자리에 앉게 됩니다. 그리고 마지막에는 위험하리만큼 세상 사람들을 닮게 됩니다.

2절에서 의무와 복종이 아닌 즐거움과 묵상을 언급하는 이유가 이것입니다. 즉, 세상의 헛된 즐거움에 맞설 유일한 소망은 하나님의 진리가 주는 영원한 즐거움입니다. 세상 즐거움이 그것들을 오래 바라봄으로써 일깨워지듯, 하나님의 진리가 주는 영원한 즐거움도 우리가 마음을 주야로 성경에 둠으로써 일깨워집니다.

시편 기자는 시편에 나타난 하나님의 교훈을 주야로 묵상하면 기쁨이 일깨워지리라고 말합니다. 시편이 쓰인 목적도 이것입니다. 즉 시편은 '우리의 마음을 기쁘게 하는 방식으로 우리의 생각에 양분을 공급하기 위해' 쓰였습니다. 하나님의 진리를 주야로 묵상하면 기쁨을 얻게 되고, 이 기쁨은 악인과 죄인과 오만한 자들이 주는 즐거움으로부터 우리를 자유롭게 합니다.

그러므로 시편 전체의 첫 번째 두 구절인 시편 1편 1-2절은 지금까지 우리가 살펴본 것, 곧 시편이 묵상을 통해 우리의 생각을 빚고, 기쁨을 통해 우리의 감정을 빚기 위한 책이라는 사실을 확인해 줍니다.

2. 시편 1편 3절은 왜 그렇게 쓰였을까?

"그는 시냇가에 심은 나무가 철을 따라 열매를 맺으며 그 잎사귀가 마르지 아니함 같으니 그가 하는 모든 일이 다 형통하리로다"(3절).

이제 시편 1편에 대한 두 번째 질문을 살펴봅시다. 시편 기자는 왜 1-2절에 이어지는 내용으로 "여호와의 율법을 묵상하고 즐거워하면, 악을 행하지 않고 죄를 짓지 않고 오만하게 행동하지 않을 것이다"라고 하지 않았을까요? 그러면 앞의 내용을 멋지게 마무리할 수 있었을 텐데 말입니다.

그 이유는, 경건한 사람의 삶은 '열매를 따는 일꾼'과 같지 않고 '열매를 맺는 나무'와 같음을 알리고 싶었기 때문입니다. 바울의 말을 빌리자면, 그리스도인의 삶은 '율법의 행위'가 아니라 '성령의 열매'입니다.

3절은 이렇게 말합니다. "그는 시냇가에 심은 나무가 철을 따라 열매를 맺으며 그 잎사귀가 마르지 아니함 같으니 그가 하는 모든 일이 다 형통하리로다." 여기에 그리스도인의 삶을 묘사하는 단어가 있습니다. 바로 "시냇가"입니다.

하나님의 생명은 하나님의 말씀인 시편을 통해 흐르고, 하나님의 주권적인 은혜는 그리스도인을 이 시냇가에 심습니다(마 15:13 참조). 그리스도인의 뿌리는 땅속 깊이 뻗어 생명수에 닿고, 그리스도인의 잎사귀는 가뭄에도 싱싱한 초록빛을 뿜습니다. 세상 사람들의 삶이 황폐할 때에도 그리스도인의 삶은 열매를 맺습니다.

뿌리가 생수를 빨아들이는 것은 기계적으로 혹은 자동으로 이루어지지 않습니다. 묵상을 통해, 그러니까 시편에 생각을 집중함으로써 뿌리가 움직이기 시작하고, 거기서 생수를 만납니다. 그 결과 우리는 기쁨, 곧 하나님과 그분의 방식을 바라보는 데서 비롯되는 영적인 기쁨을 얻고, 이 기쁨으로부터 온갖 변화된 태도와 행동이 나옵니다. 이것이 우리가 변화되는 방식입니다.

악인의 꾀와 죄인의 길과 오만한 자의 자리에서 벗어나려는 전투, 곧 의롭고 경건하고 겸손해지려는 전투에서 승리하기 원하십니까? 이 전투는 기쁨으로써 이기는 싸움입니다. 그리고 이 기쁨은 시편에 나타난 하나님의 교훈을 주야로 묵상함으로써 그 양분을 얻습니다.[2]

---

[2] "시편은 지속적으로 하나님의 임재를 연습하는 데 활용될 수 있고 또 활용되어야 한다. 시

3. 시편 1편은 우리를 어떻게 메시아께 인도하는가?

시편 1편에 대한 마지막 질문은 이 시편이 예수님에 대해 무엇을 말해 주는가 하는 것입니다. 이 시편은 어떻게 우리를 메시아께로 인도할까요?

6절을 봅시다. "무릇 의인들의 길은 여호와께서 인정하시나 악인들의 길은 망하리로다." 여기서 "의"라는 말은 우리를 우리의 의가 되신 그리스도께 나아가게 합니다. 오직 의인만이 최후의 심판에서 살아남습니다. 그렇다면 우리는 이렇게 질문하지 않을 수 없습니다. "누가 의인인가?"

시편 14편 3절은 "다 치우쳐 함께 더러운 자가 되고 선을 행하는 자가 없으니 하나도 없도다"라고 말합니다. 시편 130편 3절은 "여호와여 주께서 죄악을 지켜보실진대 주여 누가 서리이까"라는 질문을 던집니다. 그리고 시편 32편 2절은 "여호와께 정죄를 당하지 아니하는 자는 복이 있도다"라고 말합니다.

편을 통독하다 보면, 삶 속에서 경험은커녕 기억도 직면도 하려 하지 않을 인생의 다양한 국면과 하나님의 뜻에 대해 거듭 생각하게 된다. 시편 구절들을 암송하면 힘든 현실에 대해 즉각적으로 반응할 수 있다. 내가 새벽 어스름 속에서 두려움이나 자기 연민, 자기 회의에 사로잡힌 채 패닉 상태로 눈을 뜰 때 시편은 나의 어두운 부분들을 밝히시는 하나님이 나의 염려를 알고 계신다는 확신을 주고는 했다. 그러므로 나는 여러분께 시편과 벗할 것을 권한다. 시편을 가까이 두고, 힘든 일이 생길 때 시편 구절을 여러분의 생각과 마음과 입술에 두라." Gerald Wilson, *The NIV Application Commentary, Psalms Vol. 1*. (Grand Rapids: Zondervan, 2002), 104.

그러니까 '의인'은 그 자체로는 의롭지 않지만 의롭다고 간주된 죄인입니다. 이것이 어떻게 가능합니까? 거룩하고 의로우신 하나님이 어떻게 불법에 주목하지 않으실 수 있습니까? 거룩하고 의로우신 하나님이 어떻게 죄를 생각하지 않으실 수 있을까요? 어떻게 그분은 완전한 천국을 위한 완전한 의를 요구하지 않으실 수 있습니까?

사실은, 하나님은 불법에 주목하시고, 죄를 생각하시고, 완전한 의를 요구하십니다. 바로 이것이 시편 1편이 다른 모든 시편들과 함께 우리를 그리스도께로, 우리의 허물 때문에 찔리시고 우리의 죄악 때문에 상하신(사 53:5) 그분께 우리를 인도하는 이유입니다.

하나님은 우리의 죄를 생각하시고 그 죄를 그리스도 안에서 벌하셨습니다. 하나님은 우리에게 의를 요구하시고 그 의를 그리스도 안에서 이루셨습니다. "그리스도는 모든 믿는 자에게 의를 이루기 위하여 율법의 마침이 되시니라"(롬 10:4).

이 복음의 진리가 우리 삶의 뿌리로 흘러 들어오는 생수의 중심입니다. 시편을 읽고 노래할 때 우리는 바로 이 복음의 진리를 주야로 묵상하게 됩니다. 그리고 이것이 우리의 가장 큰 기쁨의 근원입니다.

복음의 강물에 잠기라

이 복음을 여러분의 생명의 강물로 받아들이십시오. 그리고 이 책을 시편에 맞춰 생각하고 느끼는 법을 배우는 수단으로 활용하십시오. 사랑과 희락과 화평과 오래 참음과 자비와 양선과 충성과 온유와 절제 같은(갈 5:22-23) 그리스도를 드높이는 열매를 맺도록 하나님이 우리를, 우리의 생각과 감정을 빚으시기를 소원합니다.

◈ 시편을 쓰며 마음에 채우다

1 복 있는 사람은 악인들의 꾀를 따르지 아니하며 죄인들의 길에 서지 아니하며 오만한 자들의 자리에 앉지 아니하고 2 오직 여호와의 율법을 즐거워하여 그의 율법을 주야로 묵상하는도다

3 그는 시냇가에 심은 나무가 철을 따라 열매를 맺으며 그 잎사귀가 마르지 아니함 같으니 그가 하는 모든 일이 다 형통하리로다 4 악인들은 그렇지 아니함이여 오직 바람에 나는 겨와 같도다 5 그러므로 악인들은 심판을 견디지 못하며 죄인들이 의인들의 모임에 들지 못하리로다 6 무릇 의인들의 길은 여호와께서 인정하시나 악인들의 길은 망하리로다

◈ 묵상 노트

자신의 표현으로 다시 고백하는 시편 1편

혼란스럽고 고통스럽고 절망적인 상황들이 모두 하나님의 파도입니다. 시편 기자는 하나님에 대한 이 위대한 진리를 결코 놓지 않습니다. 이 진리는 그가 탄 믿음의 조각배의 바닥짐입니다. 이 진리는 그가 감정의 혼돈 속에서 전복되지 않게 합니다.

2장

낙심한 마음에 **시편 42편**을 채우다

"너는 하나님께 소망을 두라"

시편 42편
고라 자손의 마스길, 인도자를 따라 부르는 노래

하나님이여
사슴이 시냇물을 찾기에 갈급함 같이
내 영혼이 주를 찾기에 갈급하니이다

내 영혼이 하나님 곧 살아 계시는 하나님을 갈망하나니
내가 어느 때에 나아가서 하나님의 얼굴을 뵈올까

사람들이 종일 내게 하는 말이
네 하나님이 어디 있느뇨 하오니
내 눈물이 주야로 내 음식이 되었도다

내가 전에 성일을 지키는 무리와 동행하여
기쁨과 감사의 소리를 내며
그들을 하나님의 집으로 인도하였더니
이제 이 일을 기억하고 내 마음이 상하는도다

GOODTV 개역개정 성경
시편 42편 오디오클립으로 연결됩니다.

내 영혼아 네가 어찌하여 낙심하며
어찌하여 내 속에서 불안해 하는가
너는 하나님께 소망을 두라
그가 나타나 도우심으로 말미암아
내가 여전히 찬송하리로다

내 하나님이여 내 영혼이 내 속에서 낙심이 되므로
내가 요단 땅과 헤르몬과 미살 산에서
주를 기억하나이다

주의 폭포 소리에 깊은 바다가 서로 부르며
주의 모든 파도와 물결이 나를 휩쓸었나이다

낮에는 여호와께서
그의 인자하심을 베푸시고

밤에는 그의 찬송이 내게 있어
생명의 하나님께 기도하리로다

내 반석이신 하나님께 말하기를
어찌하여 나를 잊으셨나이까
내가 어찌하여 원수의 압제로 말미암아
슬프게 다니나이까 하리로다

내 뼈를 찌르는 칼 같이
내 대적이 나를 비방하여 늘 내게 말하기를
네 하나님이 어디 있느냐 하도다

내 영혼아 네가 어찌하여 낙심하며
어찌하여 내 속에서 불안해 하는가
너는 하나님께 소망을 두라

나는 그가 나타나 도우심으로 말미암아
내 하나님을 여전히 찬송하리로다

이 시편의 표제는 "고라 자손의 마스길, 인도자를 따라 부르는 노래"입니다. 고라 자손은 찬송 사역을 맡은 제사장 집단입니다. 역대하 20장 19절은 그들을 이렇게 묘사합니다. "고라 자손에게 속한 레위 사람들은 서서 심히 큰 소리로 이스라엘 하나님 여호와를 찬송하니라." 따라서 시편 42편의 표제는 이 시편이 공예배 때 노래되었음을 나타냅니다. 이는 시편이 노래라는, 우리가 앞장에서 살펴본 내용과도 일치합니다.

 시편은 노래입니다. 시편은 시이지요. 시편은 하나님의 백성들의 정서를 일깨우고 표현하고 빚기 위해 쓰였습니다. 시와 노래가 존재하는 이유는 하나님이 우리를 생각뿐만 아니라 감정을 지닌 존재로 만드셨기 때문입니다. 우리의 감정은 굉장히 중요합니다.

 이 표제에서 주목해야 할 또 한 가지는, 시편 42편이 '마스길'이라는 것입니다. 마스길이 정확히 무슨 뜻인지는 알 수 없습니다. 성경 번역본 대부분이 마스길이라는 단어를 그대로 사용하는 이유도 이 때문일 것입니다. 마스길은 '지혜롭게 하다', '교훈을 주다'라는 뜻의 히브리어 동사에서 유래한 말입니다. 이를 시편에 적용하자면 '교훈을 주는 노래' 혹은 '지혜가 담긴 노래' 정도가 되는데, 시편이 교훈을 주는 노래라는 개념 역시 우리가 앞에서 살펴본 내용과 같습니다.

시편은 우리의 생각뿐 아니라 우리의 마음을 빚습니다. 시편은 교훈을 주기 위해 쓰였습니다. 교훈은 궁극적으로 마음(기쁨을 느끼는 곳인)의 일입니다. "복 있는 사람은…… 오직 여호와의 율법(교훈)을 '즐거워하여' 그의 율법(교훈)을 주야로 묵상하는도다"(시 1:1-2).

따라서 "고라 자손의 마스길, 인도자를 따라 부르는 노래"라는 표제는 우리가 앞서 살펴본 내용을 반복합니다. 시편은 교훈인 동시에 노래입니다. 시편은 우리의 생각과 감정을 빚고자 하시는 하나님의 영감으로 쓰인 교훈이며 노래입니다. 시편에 깊이 잠길 때 우리는 하나님에 의해 빚어집니다.

하나님께 소망을 두기 위한 싸움

시편 42편의 경건한 사람은 누군가로부터 압제당하는 상황에 있습니다. 그는 3절에서 "사람들이 종일 내게 하는 말이 네 하나님이 어디 있느뇨 하오니"라고 말합니다. 그리고 10절에서는 3절과 같은 말이 자신에게 얼마나 깊은 상처를 입히는지 고백합니다. "내 뼈를 찌르는 칼 같이 내 대적이 나를 비방하여 늘 내게 말하기를 네 하나님이 어디 있느냐 하도다." 사람들의 이 같은 조롱은 시편 기자가 하나님께 버림받은 듯 보일 정도로 그가 무언가 끔찍하게 잘못된 상황에 처했음을 나타냅니다.

외적으로 그는 하나님께 버림받은 듯한 상황에 놓여 있습니다. 내적인 상태도 나아 보이지 않습니다. 시편 기자는 몹시 우울하고 불안합니다. 5절과 11절에서 그는 자신의 영혼이 "낙심하며" "불안해" 한다고 말합니다. 또 3절에서는 "내 눈물이 주야로 내 음식이 되었도다"라고 말합니다. 그는 계속해서 눈물을 흘릴 정도로 상심해 있습니다. 7절에서는 물에 빠진 느낌이라고 말합니다. "주의 모든 파도와 물결이 나를 휩쓸었나이다."

그러나 이 모든 상황 속에서도 시편 기자는 소망을 위해 싸웁니다. 이 시편에서 그는 중간에 한 번(5절), 마지막에 한 번(11절), 정확하게 같은 말로 스스로를 두 번 격려합니다. "내 영혼아 네가 어찌하여 낙심하며 어찌하여 내 속에서 불안해

하는가 너는 하나님께 소망을 두라 그가 나타나 도우심으로 말미암아 내가 여전히 찬송하리로다." 그는 좌절감에 굴하지 않습니다. 그는 맞서 싸웁니다.

베들레헴침례교회에서 목회를 할 때, 저 역시 얼마나 자주 시편 기자와 같은 말로 좌절감을 이겨내야 했는지 모릅니다. "존, 하나님께 소망을 둬. 하나님께 소망을 두라고! 너는 다시 하나님을 찬양하게 될 거야!" 특히 1980년대 초에 우리 교회가 생각하고 말하는 방식에 시편 42편 5절과 11절 말씀이 얼마나 큰 영향을 미쳤던지요. 우리는 건물 외벽에 "하나님께 소망을 두라"는 표어를 대문짝만 하게 걸어 두었습니다. 그래서 우리 교회는 동네에서 "하나님께 소망을 두는 교회"로 불리게 되었습니다. 이 표어는 40년이 지난 지금까지도 우리 교회 웹사이트를 장식하고 있습니다.

달콤 씁쌀한 결말

시편 기자는 밖으로는 원수의 압제로 힘든 상황이고, 안으로는 매우 우울하고 불안한 상태입니다. 하지만 그는 소망을 위해 싸웁니다. 그런데 더욱 놀라운 것은 이 시편의 결말에 이르러서도 그는 여전히 자신이 원하는 것을 얻지 못한 채 소망을 위해 싸우고 있다는 사실입니다. 과연 그는 행복한 결말을 맞이했을까요?

인생 대부분의 것들이 그렇듯 결론은 불분명합니다. 시편 기자는 놀라운 믿음을 가지고 용감하게 싸우지만, 아직 그가 원하는 소망과 평안과 찬송의 자리에 있지 못합니다.

하나님은 이 시편을 성경에 포함시키기로 계획하셨습니다. 그러기에 우리는 이 시편에 귀를 기울이고, 시편 기자의 분투를 눈여겨보아야 합니다. 이 시편이 주는 교훈을 주야로 묵상한다면 하나님과 인생에 대한 우리의 '생각과 감정'이 하나님에 의해 빚어질 것입니다. 우리는 철을 따라 열매를 맺으며, 압제와 낙심과 불안의 가뭄이 닥쳐도 잎사귀가 마르지 않는 나무와 같이 될 것입니다(시 1:3).

낙심에 어떻게 반응하는가

이제 시편 기자가 내면의 불안에 대해 어떻게 반응하는지 살펴보겠습니다. 시편 기자는 그를 뒤덮은 낙심과 불안에 여섯 가지 방식으로 반응합니다. 서로 겹치기도 하고 반복되기

도 하겠지만, 저는 이 여섯 가지 방식을 그것들이 일어났을 법한 순서대로 제시하려 합니다.[3]

영적 침체의 한가운데서 경건한 사람이 어떻게 행동하는지 보여 주는 이 여섯 가지 방식은 우리가 힘든 시기를 헤쳐 나가도록 우리의 생각과 감정을 빚을 것입니다.

1. 하나님께 이유를 물었다

"내 반석이신 하나님께 말하기를 어찌하여 나를 잊으셨나이까 내가 어찌하여 원수의 압제로 말미암아 슬프게 다니나이까 하리로다"(9절).

첫째, 시편 기자는 그가 처한 상황에 대해 하나님께 이유를 묻습니다.

9절의 "잊으셨나이까"라는 말은 과장된 표현입니다. 시편 기자도 그것을 압니다. 그는 바로 앞 8절에서 "낮에는 여호와께서 그의 인자하심을 베푸시고 밤에는 그의 찬송이 내게 있

---

3) 내 생각에 시편 기자는 자신의 반응이 실제로 일어난 순서와 반대로, 그러니까 가장 나중 반응을 가장 먼저 표현하는 식으로 기록했을 것도 같다.

어"라고 고백했습니다. 시편 기자의 말은 하나님이 그를 잊으신 듯 '보인다'는 뜻입니다. 잊으신 듯 '느껴진다'는 뜻입니다. 시편 기자는 하나님이 그를 기억하신다면 원수들이 패배하여 물러나야 하는 것 아닌지 의아해하고 있습니다.

우리가 시련을 당할 때 나중에 후회할 말을 하지 않고 주의 깊게 좌절감을 표현할 수 있다면 얼마나 좋겠습니까? 그러나 현실은 그렇지 못합니다. 적어도 그것이 일반적인 반응은 아닙니다. 격앙된 상태에서는 아무 말이나 함부로 내뱉기 쉽습니다.

제가 목회를 시작한 지 얼마 되지 않아 욥기 강해 설교를 했는데, 그때 이 같은 진리가 교회로서의 우리에게 와 닿았습니다. 그 후 몇 년간 우리는 "너희가 남의 말을 꾸짖을 생각을 하나 실망한 자의 말은 바람에 날아가느니라"라는 욥기 6장 26절 말씀에 근거해 고통받는 사람들이 하는 말을 분류하고, 어떤 말들을 '바람에 날아가는 말'이라고 불렀습니다.

절망에 빠진 사람들이 하는 말을 곧이 받아들이면 안 됩니다. 고난당하는 사람들이 하는 말은 걸러 들어야 합니다. 그들은 고통 중에 있기 때문입니다. 그들의 말은 걸러지지 않은 감정의 표출일 때가 많습니다. 후에 그들은 자기 마음속에 있는

보다 깊은 확신이 무엇인지 알게 될 것입니다. 잘못 선택된 말들은 바람에 날아가게 두어야 합니다. 그런 말들은 바람에 날아가는 말입니다.

시편 기자가 자신의 상황에 대한 이유를 물은 것은 있을 수 있는 일입니다. 그는 신학적으로나 언어적으로 정확한 질문을 하려 했던 것이 아닙니다. 문자 그대로 하나님이 그를 잊으셨다고 말하려 했던 것이 아닙니다. 이를 이해한다면 우리는 그가 한 말들에 괘념치 않을 것입니다. 결국 바람에 날아가는 말이었음을 알게 될 것입니다.

2. 하나님의 주권적인 사랑을 인정했다

"낮에는 여호와께서 그의 인자하심을 베푸시고 밤에는 그의 찬송이 내게 있어 생명의 하나님께 기도하리로다"(8절).

둘째, 시편 기자는 낙심한 중에도 하나님의 주권적인 사랑을 인정합니다. 5절과 11절에서 그는 도우시는 하나님을 이야기합니다. 하나님이 그를 잊으신 것 같다고 하면서도 그는 자신의 모든 역경 위에 역사하시는 하나님의 절대 주권을 믿습니다. 그러기에 그는 7절에서 "주의 모든 파도와 물결이 나를 휩쓸었나이다"라고 말합니다. '주의' 파도와 '주의' 물결이 그를 휩쓴 것입니다.

다시 말해 혼란스럽고 고통스럽고 절망적인 상황들이 모두 '하나님의' 파도입니다. 시편 기자는 하나님에 대한 이 위대한 진리를 결코 놓지 않습니다. 이 진리는 그가 탄 믿음의 조각배의 바닥짐(배에 실은 화물의 양이 적어 배의 균형을 유지하기 어려울 때 안전을 위해 배의 바닥에 싣는 중량물—역주)입니다. 이 진리는 그가 감정의 혼돈 속에서 전복되지 않게 합니다.

많은 그리스도인이 삶 속에서 이 같은 진리를 배웁니다. 만약 하나님이 바람과 파도를 다스리지 않으셨다면 고난 중 그 어디에서도 안식을 발견하지 못했을 것입니다. 시편 기자는 모든 시련 가운데 그리고 모든 시련을 통해 자신에 대한 하나님의 주권적인 사랑을 인정합니다.

3. 노래했다!

"낮에는 여호와께서 그의 인자하심을 베푸시고 밤에는 그의 찬송이 내게 있어 생명의 하나님께 기도하리로다"(8절).

셋째, 시편 기자는 밤에 주께 노래하며 자신의 생명을 구해 주시기를 간구합니다. 이는 기쁨에 찬 소망의 노래가 아닙니다. 기도의 노래이며 탄원의 노래입니다. "생명의 하나님"께 드리는 노래, 즉 그의 생명을 구해 주시기를 탄원하는 노래입니다.

그가 '노래'로 기도했다니 놀랍지 않습니까? 아마도 이런 노래들에서 시편 42편이 유래했을 것입니다. 이 시는 밤에 부르는 기도의 노래일 것입니다. 낙심하여 주야로 눈물을 흘리는 상황에서 노래를 지을 수 있는 사람은 많지 않습니다. 그러니 노래로 부를 수 있는 시편이나 복음의 진리로 가득한 성가집을 곁에 두면 좋습니다. 아이작 왓츠(Isaac Watts)는 다음과 같은 찬송시를 지어 불렀습니다.

주의 얼굴을 언제까지 내게서 숨기시렵니까?
나의 하나님, 얼마나 더 기다려야 합니까!
두려움을 내쫓는 천국의 빛을
언제나 느낄 수 있을까요?
나의 불쌍한 영혼은 얼마나 오래
헛되이 씨름하고 수고해야 할까요?

주의 말씀은 내 모든 적을 누르고

나의 들끓는 고통을 편케 할 수 있나이다.

_ Psalm 13

왓츠가 1912년에 출간한 『찬송 시편』(*Psalter*)에는 시편 42편 기자가 밤에 노래한 것과 같은 찬송시가 실려 있습니다.

오, 주님, 은혜의 하나님,

언제까지 나를 잊으시렵니까?

어둠이 주님 얼굴을 가릴 때

얼마나 오래 두려움에 떨어야 할까요?

얼마나 오래 슬픔이 나를 괴롭히고

나의 하루를 어둡게 할까요?

얼마나 오래 적들이 나를 억압하고

강한 힘으로 승리를 거둘까요?

오, 주님, 나의 하나님, 나를 보시고

나의 간절한 부르짖음을 들으소서.

죽음의 잠이 나를 에워싸지 않도록

주여, 내 눈을 밝혀 주소서.

적이 나를 모욕하며

승리를 자랑하지 않도록,

원수들이 나의 고통에

환호하며 기뻐하지 않도록.

_ Psalm 22

기쁨이 가득하지는 않지만 모두 노래입니다! 믿음의 노래입니다! 우리는 시편 안에서 하나님과 더불어 생각하고 느낌으로써 이런 노래들을 지을 수 있습니다.

4. 자기 영혼에게 설교했다

"내 영혼아 네가 어찌하여 낙심하며 어찌하여 내 속에서 불안해 하는가 너는 하나님께 소망을 두라 그가 나타나 도우심으로 말미암아 내가 여전히 찬송하리로다"(5절).

넷째, 시편 기자는 자신의 영혼에게 설교합니다. 이는 믿음의 싸움을 하는 데 있어 대단히 중요합니다. 우리는 스스로에게 진리를 설교하는 법을 배워야 합니다. 마틴 로이드존스(Martyn Lloyd-Jones)는 이렇게 썼습니다.

> 우리가 살면서 겪는 불행 대부분은 우리가 자신에게 말하는 대신 자신에게 귀 기울이기 때문에 일어난다. 아침에 눈을 뜨는 순간 당신의 머릿속을 스치는 생각들을 떠올려 보라. 당신은 원하지 않았지만, 그 생각들은 당신에게 말을 걸고 어제의 골치 아픈 문제들을 상기시킨다. 당신에게 말을 거는 이 사람은 누구인가? 바로 당신의 자아이다. 이제 (시편 42편에서) 이 사람이 처리하는 방식을 보자. 그는 자아가 말하도록 두는 대신, 그가 자아에게 말하기 시작한다. 그는 자신에게 묻는다. "내 영혼아 네가 어찌하여 낙심하는가?" 그의 영혼이 그를 낙심시키고 절망에 빠뜨렸기 때문이다. 그리하여 그는 일어나서 말한다. "자아여, 내가 말할 테니 잠시 내 말에 귀를 기울여다오."[4]

---

4) 마틴 로이드존스, 『영적 침체』, 정상윤 역 (서울: 복있는사람, 2014) ; Martyn Lloyd-Jones, *Spiritual Depression*, (Grand Rapids: Eerdmans, 1965), 20-21.

우리는 우리 소망의 근거가 무엇인지 압니다. 우리 죄로 말미암아 십자가에 못 박히고 죽음을 이기신 예수 그리스도께서 바로 우리 소망의 근거이십니다. 그러므로 여기서 우리가 배워야 할 것은 이 복음을 스스로에서 설교하는 것입니다. 이렇게 말입니다.

"자아여, 하나님이 너를 위하시는데 누가 너를 대적하겠느냐. 하나님은 너를 위해 자기 아들을 아끼지 않고 내주셨다. 그런 분이 어찌 그 아들과 함께 모든 것을 네게 주지 않으시겠느냐. 하나님이 택하신 너를 누가 고발하겠느냐. 하나님이 의롭다 하셨으니 감히 누가 너를 정죄하겠느냐. 죽으셨을 뿐 아니라 다시 살아나신 예수님이 하나님 우편에서 너를 위해 간구하신다. 누가 너를 그리스도의 사랑에서 끊어내겠느냐!"(롬 8:31-35, 저자 의역)

시편 기자가 만일 예수님이 죽으시고 부활하신 이후에 살았던 사람이라면 위와 같이 고백했을 것입니다. 시편 기자와 더불어 스스로에게 복음을 설교하는 법을 배우십시오.

5. 과거의 경험을 기억했다

"내가 전에 성일을 지키는 무리와 동행하여 기쁨과 감사의 소리를 내며 그들을 하나님의 집으로 인도하였더니 이제 이 일을 기억하고 내 마음이 상하는도다"(4절).

다섯째, 시편 기자는 과거의 경험을 기억합니다. 공예배를 드린 기억을 떠올립니다. 이는 우리 삶에서 공예배가 얼마나 중요한지 말해 줍니다.

예배드리는 시간을 가벼이 여기지 마십시오. 공예배에서 우리는 다른 그리스도인들과 함께 살아계신 하나님을 만납니다. 공예배에서의 이 같은 만남을 통해 하나님은 우리의 믿음을 보존하십니다.

여기서 시편 기자는 단순히 감상에 젖은 것이 아닙니다. 낙심과 불안 속에서도 그는 공예배 가운데 함께하신 하나님을 떠올리며 믿음을 확인하고 있습니다.

6. 하나님을 갈망했다

"하나님이여 사슴이 시냇물을 찾기에 갈급함 같이 내 영혼이 주를 찾기에 갈급하니이다 내 영혼이 하나님 곧 살아 계시는 하나님을 갈망하나니 내가 어느 때에 나아가서 하나님의 얼굴을 뵈올까"(1-2절).

마지막으로 시편 기자는 사슴이 시냇물을 찾기에 갈급함 같이 하나님을 갈망합니다. 이것이 그토록 아름답고 중요한 이유는, 그가 다만 위협적인 상황에서 벗어나고자 하나님을 찾는 것이 아니기 때문입니다. 그의 주된 소망은 원수들로부터 벗어나거나 원수들이 파멸하는 것이 아닙니다.

물론 안전을 바라거나 안전을 위해 기도하는 것은 잘못된 일이 아닙니다. 때로는 원수들의 패배를 위해 기도하는 일이 옳을 때도 있습니다. 그러나 이 모든 것보다 중요한 것은 하나님이십니다. 시편 안에서 하나님과 더불어 생각하고 느낄 때 우리는 하나님을 사랑하게 됩니다. 하나님이 보고 싶어지고 하나님과 함께 있고 싶어집니다. 하나님을 찬양하고 기뻐하는 데서 만족을 얻게 됩니다.

이 짧은 책에서 제가 여러분을 위해 궁극적으로 바라고 기도하는 것이 바로 이러한 일들입니다. 저의 목표는 하나님이 계시되는 것, 그리고 여러분이 하나님을 알고 싶어 하게 되는 것입니다.

어느 때에 하나님의 얼굴을 뵈올까

시편 기자는 2절 하반절에서 "내가 어느 때에 나아가서 하나님의 얼굴을 뵈올까"라고 묻습니다. 이 질문에 대한 최종적인 답은 요한복음 14장 9절과 고린도후서 4장 4절에서 찾을 수 있습니다.

요한복음 14장 9절에서 예수님은 "나를 본 자는 아버지를 보았거늘"이라고 말씀하셨습니다. 고린도후서 4장 4절에서 바울은 우리가 그리스도께로 돌이킬 때 "하나님의 형상"이신 "그리스도의 영광의 복음의 광채"를 보게 된다고 말했습니다.

그리스도의 얼굴을 볼 때 우리는 하나님의 얼굴을 봅니다. 그리스도의 죽음과 부활의 복음에 대해 들을 때 우리는 그분의 얼굴의 영광을 봅니다. 그것은 "하나님의 형상"이신 "그리스도의 영광의 복음"입니다.

하나님께서 그분의 얼굴을 뵙기 원하는 우리의 갈망을 더욱 크게 하시기를 바랍니다! 그리고 하나님의 형상이신 그리스도의 영광의 복음을 통해 우리의 소망이 이루어지게 하시기를 기도합니다!

◈ 시편을 쓰며 마음에 채우다

1 하나님이여 사슴이 시냇물을 찾기에 갈급함 같이 내 영혼이 주를 찾기에 갈급하니이다 2 내 영혼이 하나님 곧 살아 계시는 하나님을 갈망하나니 내가 어느 때에 나아가서 하나님의 얼굴을 뵈올까

3 사람들이 종일 내게 하는 말이 네 하나님이 어디 있느뇨 하오니 내 눈물이 주야로 내 음식이 되었도다 4 내가 전에 성일을 지키는 무리와 동행하여 기쁨과 감사의 소리를 내며 그들을 하나님의 집으로 인도하였더니 이제 이 일을 기억하고 내 마음이 상하는도다

5 내 영혼아 네가 어찌하여 낙심하며 어찌하여 내 속에서 불안해 하는가 너는 하나님께 소망을 두라 그가 나타나 도우심으로 말미암아 내가 여전히 찬송하리로다 6 내 하나님이여 내 영혼이 내 속에서 낙심이 되므로 내가 요단 땅과 헤르몬과 미살 산에서 주를 기억하나이다

7 주의 폭포 소리에 깊은 바다가 서로 부르며 주의 모든 파도와 물결이 나를 휩쓸었나이다 8 낮에는 여호와께서 그의 인자하심을 베푸시고 밤에는 그의 찬송이 내게 있어 생명의 하나님께 기도하리로다

9 내 반석이신 하나님께 말하기를 어찌하여 나를 잊으셨나이까 내가 어찌하여 원수의 압제로 말미암아 슬프게 다니나이까 하리로다 10 내 뼈를 찌르는 칼 같이 내 대적이 나를 비방하여 늘 내게 말하기를 네 하나님이 어디 있느냐 하도다

¹¹ 내 영혼아 네가 어찌하여 낙심하며 어찌하여 내 속에서 불안해 하는가 너는 하나님께 소망을 두라 나는 그가 나타나 도우심으로 말미암아 내 하나님을 여전히 찬송하리로다

◈ **묵상 노트**

자신의 표현으로 다시 고백하는 시편 42편

그리스도인이 된다는 것은 더는 낙심하지 않는다는 뜻이 아닙니다. 또 죄로 인한 비참한 기분을 느끼지 않는다는 뜻도 아닙니다. 한 사람을 그리스도인 되게 하는 것은 예수 그리스도와의 관계입니다. 그가 낙심과 죄에 대해 어떻게 생각하고 느낄지는 예수 그리스도와의 관계에 의해 빚어집니다.

3장

후회하는 마음에 **시편 51편**을 채우다

"주께서 멸시하지 아니하시리이다"

시편 51편

**다윗의 시, 인도자를 따라 부르는 노래,
다윗이 밧세바와 동침한 후 선지자 나단이 그에게 왔을 때**

하나님이여 주의 인자를 따라 내게 은혜를 베푸시며

주의 많은 긍휼을 따라 내 죄악을 지워 주소서

나의 죄악을 말갛게 씻으시며

나의 죄를 깨끗이 제하소서

무릇 나는 내 죄과를 아오니

내 죄가 항상 내 앞에 있나이다

내가 주께만 범죄하여 주의 목전에 악을 행하였사오니

주께서 말씀하실 때에 의로우시다 하고

주께서 심판하실 때에 순전하시다 하리이다

내가 죄악 중에서 출생하였음이여

어머니가 죄 중에서 나를 잉태하였나이다

GOODTV 개역개정 성경
시편 51편 오디오클립으로 연결됩니다.

보소서 주께서는 중심이 진실함을 원하시오니
내게 지혜를 은밀히 가르치시리이다

우슬초로 나를 정결하게 하소서 내가 정하리이다
나의 죄를 씻어 주소서 내가 눈보다 희리이다

내게 즐겁고 기쁜 소리를 들려 주시사
주께서 꺾으신 뼈들도 즐거워하게 하소서

주의 얼굴을 내 죄에서 돌이키시고
내 모든 죄악을 지워 주소서

하나님이여 내 속에 정한 마음을 창조하시고
내 안에 정직한 영을 새롭게 하소서

나를 주 앞에서 쫓아내지 마시며
주의 성령을 내게서 거두지 마소서

주의 구원의 즐거움을 내게 회복시켜 주시고
자원하는 심령을 주사 나를 붙드소서

그리하면 내가 범죄자에게 주의 도를 가르치리니
죄인들이 주께 돌아오리이다

하나님이여 나의 구원의 하나님이여
피 흘린 죄에서 나를 건지소서
내 혀가 주의 의를 높이 노래하리이다

주여 내 입술을 열어 주소서
내 입이 주를 찬송하여 전파하리이다

주께서는 제사를 기뻐하지 아니하시나니
그렇지 아니하면 내가 드렸을 것이라
주는 번제를 기뻐하지 아니하시나이다

하나님께서 구하시는 제사는 상한 심령이라
하나님이여 상하고 통회하는 마음을
주께서 멸시하지 아니하시리이다

주의 은택으로 시온에 선을 행하시고
예루살렘 성을 쌓으소서

그 때에 주께서 의로운 제사와 번제와
온전한 번제를 기뻐하시리니
그 때에 그들이 수소를 주의 제단에 드리리이다

2장에서 우리는 '경건한 방식으로' 낙심하는 법에 초점을 맞추었습니다. 3장에서는 '하나님을 영화롭게 하는 방식'으로 통회하는 법에 초점을 맞추려 합니다.

여기에는 의도된 패턴이 있습니다. 그리스도인이 된다는 것은 더는 낙심하지 않는다는 뜻이 아닙니다. 또 죄로 인한 비참한 기분을 느끼지 않는다는 뜻도 아닙니다. 한 사람을 그리스도인 되게 하는 것은 '예수 그리스도와의 관계'입니다. 그가 낙심과 죄에 대해 어떻게 생각하고 느낄지는 예수 그리스도와의 관계에 의해 빚어집니다.

시편은 그리스도인의 생각과 감정을 일깨우고 표현하고 빚도록 수 세기 전 하나님이 계획하신 책입니다. 시편에서 우리는 낙심과 죄를 어떻게 생각해야 할지 배웁니다. 끔찍한 후회에 사로잡힐 때 어떻게 느껴야 할지 배웁니다. 시편은 우리에게 잘 낙심하는 법과 잘 후회하는 법을 알려 줍니다. 그러므로 시편에 거하는 습관을 들이십시오. 그로써 여러분의 생각과 감정이 성경적인 생각과 감정으로 가득하기를 기도합니다.

다윗의 범죄와 하나님의 용서

시편 51편은 역사적인 유래가 정확하게 기록된 몇 없는 시편 중 하나입니다. "다윗이 밧세바와 동침한 후 선지자 나단이 그에게 왔을 때"라는 표제에 잘 나타나 있지요. 이 일은 잘 알려져 있습니다. 사무엘하 11장 2-5절은 이렇게 말합니다.

"저녁 때에 다윗이 그의 침상에서 일어나 왕궁 옥상에서 거닐다가 그 곳에서 보니 한 여인이 목욕을 하는데 심히 아름다워 보이는지라 다윗이 사람을 보내 그 여인을 알아보게 하였더니 그가 아뢰되 그는 엘리암의 딸이요 헷 사람 우리아의 아내 밧세바가 아니니이까 하니 다윗이 전령을 보내어 그 여자를 자기에게로 데려오게 하고 그 여자가 그 부정함을 깨끗하게 하였으므로 더불어 동침하매 그 여자가 자기 집으로 돌아가니라 그 여인이 임신하매 사람을 보내 다윗에게 말하여 이르되 내가 임신하였나이다 하니라."

이후 다윗은 전장에 있는 밧세바의 남편, 우리아를 불러들여 밧세바와 동침하게 함으로써 자신의 죄를 덮으려 했습니다. 그러나 우리아는 동료들이 전장에 있는 동안 아내와 동침하기에는 너무 고결한 사람이었습니다. 그래서 다윗은 하루빨리 밧세바와 결혼하여 자신의 죄가 숨겨지도록 우리아를 죽음으로 내몰았습니다.

이 이야기는 "다윗이 행한 그 일이 여호와 보시기에 악하였더라"(27절)라는 아주 간단한 몇 마디로 끝납니다. 그 후 하나님은 선지자 나단을 통해 비유를 들려주시며 다윗의 입에서 스스로를 정죄하는 말이 나오게끔 하십니다. 나단이 다윗에게 말합니다. "당신이 그 사람이라"(삼하 12:7). 그리고 이렇게 묻습니다. "어찌하여 네가 여호와의 말씀을 업신여겼느냐"(9절). 다윗은 크게 뉘우치며 "내가 여호와께 죄를 범하였노라"(13절)라고 고백합니다. 놀랍게도 나단은 이렇게 대답합니다. "여호와께서도 당신의 죄를 사하셨나니 당신이 죽지 아니하려니와 이 일로 말미암아 여호와의 원수가 크게 비방할 거리를 얻게 하였으니 당신이 낳은 아이가 반드시 죽으리이다"(13-14절).

"여호와께서도 당신의 죄를 사하셨나니"

말이 되는 이야기입니까? 밧세바는 사실상 강간을 당했습니다. 우리아는 죽었고 태어날 아기도 죽을 것입니다. 그런데

도 나단은 "여호와께서 당신의 죄를 사하셨다"라고 말합니다. 과연 그래도 되는 것일까요?

다윗은 간음을 했습니다. 그가 지닌 왕으로서의 권세를 고려할 때 강간이라고 할 수도 있지요. 그는 살인을 명했고, 거짓말을 했습니다. 그는 주님의 말씀을 업신여겼고, 주님을 능멸했습니다. 그런데 놀랍게도 주님은 그의 "죄를 사하셨습니다"(삼하 12:13).

하나님은 대체 어떤 종류의 의로운 재판장이실까요? 강간과 살인과 거짓말과 신성 모독은 묵과될 수 없습니다. 의로운 재판장이라면 그렇게 하지 않을 것입니다. 여러분은 살인자나 강간범에게 무죄를 선고한 재판장의 판결을 받아들일 수 있습니까?

여기서 우리는 하나님이 하신 일에 분개해야 마땅합니다. 그러나 잠시, 사도 바울의 말을 들어 봅시다. 바울은 우리처럼 분노를 느끼지만, 의로우신 하나님이 어떻게 살인자와 강간범과 거짓말쟁이와 그보다 더한 자들을 의롭다 하실 수 있는지 설명합니다. 로마서 3장 25-26절은 예수님이 시편과 어떻게 연결되고 구약 전체와 어떻게 연결되는지 이해를 돕는 가장 중요한 성경 구절 중 하나입니다.

"이 예수를 하나님이 그의 피로써 믿음으로 말미암는 화목제물로 세우셨으니 이는 하나님께서 길이 참으시는 중에 전에 지은 죄를 간과하심으로 자기의 의로우심을 나타내려 하심이니 곧 이 때에 자기의 의로우심을 나타내사 자기도 의로우시며 또한 예수 믿는 자를 의롭다 하려 하심이라."

로마서 3장 25절이 말하는 것은 사무엘하 12장 13절에서 하나님이 하셨다고 말하는 바로 그것입니다. 하나님은 다윗의 죄를 간과하셨습니다.

만약 하나님이 단순히 다윗의 죄를 덮으신 것이라면 우리는 분노를 느껴야 마땅합니다. 그러나 하나님은 다윗의 죄를 다만 덮으신 것이 아닙니다. 하나님은 다윗의 시대로부터 그분의 아들(다윗을 대신하여 죽으신)의 죽음에 이르기까지 수 세기를 관통하여 보십니다. 그래서 우리는 '메시아에 대한 하나님의 자비로운 약속을 믿는 다윗의 믿음이 그를 메시아와 연합시켰음'을 알게 됩니다.

그리고 전지하신 하나님의 마음속에서 다윗의 죄는 예수님의 죄로 여겨지고 예수님의 의는 다윗의 의로 여겨집니다. 이것이 바로 하나님이 다윗의 죄를 간과하신 이유입니다.

하나님은 죄를 덮지도, 가볍게 다루지도 않으십니다. 오히려 하나님은 죄가 없으시며 무한히 존귀하신 그분의 아들에게 터무니없는 죽음을 요구하심으로써 분노를 드러내셨습니다. 예수님은 다윗이 (그리고 우리가) 저지른 죄로 흐려진 하나님의 영광을 드높이기 위해 죽으러 왔다고 말씀하셨습니다. "무슨 말을 하리요 아버지여 나를 구원하여 이 때를 면하게 하여 주옵소서 그러나 내가 이를 위하여 이 때에 왔나이다 아버지여, 아버지의 이름을 영광스럽게 하옵소서"(요 12:27-28).

예수님은 죽으시며 하나님의 영광의 무한한 가치를 공개적으로 선포하고 입증하셨습니다. 이는 곧 하나님이 그분의 영광을 짓밟은 다윗의 죄를 간과하신 일이 불명예가 되지 '않음'을 뜻합니다. 예수님은 하나님의 자비를 정당한 것으로 만드셨습니다. 예수님은 다윗이 받아야 할 분노를 받으심으로써, 다윗이 욕되게 한 하나님의 영광의 가치를 바로 하셨습니다.

매일의 삶에서 용서를 누리기

예수님의 죽음은 다윗이 어떻게 자신의 죄를 용서받고 하나님의 임재 안에서 의롭게 되었는지를 보여 주는 객관적 현실입니다. 그리고 시편 51편은 다윗이 하나님의 자비를 붙잡을 때 그가 어떻게 '느끼고 생각했는지'를 보여 줍니다. 어떤 사람들은 예수님이 우리를 대신해 죽으셨으니 그리스도인은 다윗이 이 시편에서 한 것처럼 고백하고 기도할 필요가 없다고 말합니다. 저는 그렇게 생각하지 않습니다.

예수님은 분명 그분의 삶과 죽음을 통해 우리의 죄를 대속하셨으며, 우리가 의롭다 여김을 얻게 하셨습니다. 이 구속과 칭의에 우리는 무엇 하나 보탤 수 없습니다. 우리는 오직 믿음으로 용서를 받고 의롭다 하심을 얻습니다.

그러나 하나님의 거룩하심을 생각해 보십시오. 그리고 우리의 죄가 얼마나 악한지 생각해 보십시오. 예수님이 우리를 위해 값을 치르고 사신 것을 우리가 날마다 기도와 고백으로 받아 누림이 마땅하지 않겠습니까? "오늘 우리에게 일용할 양식을 주시옵고 우리가 우리에게 죄 지은 자를 사하여 준 것 같이 우리 죄를 사하여 주시옵고"(마 6:11-12).

하나님은 우리의 모든 필요를 채워 주겠다고 약속하셨습니다. 그래서 우리는 그분께 일용할 양식을 요청할 수 있습니다. 하나님은 예수님의 죽음을 통해 우리를 완전히 용서하셨습니다. 그래서 우리는 날마다 하나님의 용서를 받아 누리기를 구할 수 있습니다.

자신의 죄에 대한 다윗의 반응

시편 51편은 하나님의 백성이 자신이 지은 죄의 참담함을 생각하고 느끼는 방식을 보여 줍니다. 이 시편은 우리가 죄를 어떻게 잘 뉘우칠 수 있는지 알려 줍니다.

다윗이 자신의 죄에 대해 어떻게 반응했는지 네 가지로 정리하며 살펴보겠습니다.

1. 하나님께로 향했다

> "하나님이여 주의 인자를 따라 내게 은혜를 베푸시며 주의 많은 긍휼을 따라 내 죄악을 지워 주소서"(1절).

첫째, 다윗은 자신의 유일한 소망인 하나님의 자비와 사랑을 향해 고개를 돌립니다.

여기서 다윗은 하나님께 세 번 간구하는데, "주의 인자를 따라" 하시기를, "내게 은혜를 베푸시기를", "주의 많은 긍휼을 따라" 하시기를 구합니다. 이는 출애굽기 34장 6-7절에서 하나님이 약속하신 것입니다. "여호와라 여호와라 자비롭고 은혜롭고 노하기를 더디하고 인자와 진실이 많은 하나님이라 인자를 천대까지 베풀며 악과 과실과 죄를 용서하리라 그러나 벌을 면제하지는 아니하고 아버지의 악행을 자손 삼사 대까지 보응하리라."

다윗은 용서받지 못할 죄인들이 있음을 알았습니다. 그러나 어떤 신비한 구원의 역사로 죄 없다 여김을 받을 죄인들이 있음도 알았습니다. 시편 51편은 그 자비의 신비를 꼭 붙잡는 다윗의 방식입니다.

우리는 예수님을 알기에 이 구원의 신비를 다윗보다 잘 압니다. 그러나 우리도 다윗과 같은 방식으로 그 자비를 붙잡습니다. 무력한 가운데 하나님의 자비와 사랑을 바라본 다윗처럼 우리도 무력한 가운데 '예수님을 통해' 하나님의 자비와 사랑을 바라봅니다.

2. 깨끗케 해 주시기를 구했다

"나의 죄악을 말갛게 씻으시며 나의 죄를 깨끗이 제하소서…… 우슬초로 나를 정결하게 하소서 내가 정하리이다 나의 죄를 씻어 주소서 내가 눈보다 희리이다"(2, 7절).

둘째, 다윗은 죄악으로부터 깨끗케 해 주시기를 구합니다.

7절에서 다윗은 '우슬초'를 언급합니다. 구약 시대에 어떤 병자가 병에서 완전히 회복되면 제사장들은 새의 피를 나뭇가지에 찍어 그의 집에 뿌리며 그 집이 정결하게 되었음을 선언하고는 했습니다. 이때 사용된 나뭇가지가 우슬초입니다(레 14:51). 다윗은 그의 궁극적인 제사장이신 하나님께 용서를 구하며 죄악으로부터 깨끗케 해 주시기를 부르짖었습니다.

그리스도인 역시 깨끗케 해 주시기를 하나님께 구해야 합니다(요일 1:7-9). 우리가 용서를 받을 수 있도록 예수님이 우리를 위해 값을 치르셨습니다. 그분은 온전한 값을 지불하셨습니다. 그러나 예수님이 성취하신 일이 우리의 기도를 대신하지 않습니다. 그분이 성취하신 일은 우리가 기도할 수 있는 근거가 됩니다. 이것이 우리의 기도가 응답되리라고 확신할 수 있는 이유입니다.

3. 자기 죄의 엄중함을 고백했다

"무릇 나는 내 죄과를 아오니 내 죄가 항상 내 앞에 있나이다 내가 주께만 범죄하여 주의 목전에 악을 행하였사오니 주께서

> 말씀하실 때에 의로우시다 하고 주께서 심판하실 때에 순전하시다 하리이다 내가 죄악 중에서 출생하였음이여 어머니가 죄 중에서 나를 잉태하였나이다 보소서 주께서는 중심이 진실함을 원하시오니 내게 지혜를 은밀히 가르치시리이다"(3-6절).

셋째, 다윗은 자신의 죄가 얼마나 심각한지 적어도 다섯 가지로 고백합니다.

하나, 그 죄가 자신의 양심을 괴롭힌다고 고백합니다.

다윗은 3절에서 자신의 죄가 마음속에서 떨쳐지지 않는다고 고백합니다. "무릇 나는 내 죄과를 아오니 내 죄가 항상 내 앞에 있나이다." 죄가 "항상" 그의 앞에 있었습니다. 적어도 그는 자신이 얼마나 참담한 죄를 저질렀는지 알았습니다. 어쩌면 죄 짓는 장면이 끊임없이 마음속에 떠올랐는지 모릅니다. 어쨌거나 그는 죄에 대한 생각을 떨쳐내지 못했습니다.

둘, 무엇보다 하나님께 죄를 지었다고 고백합니다.

나단은 다윗이 하나님을 능멸하고 그분의 말씀을 업신여겼다고 말합니다. 그래서 다윗은 4절에서 "내가 주께만 범죄하여 주의 목전에 악을 행하였사오니"라고 고백합니다. 이는 그가 밧세바와 우리아와 아기에게는 해를 끼치지 않았다는 뜻이 아닙니다. 하나님을 거스르는 것, 그것이 죄를 죄 되게 하는 근본이라는 뜻입니다. 인간에게 해를 끼치는 것은 잘못입니다. 아주 큰 잘못이지요. 그러나 가장 참담한 죄는 아닙니다. 궁극적으로 죄란, 하나님을 공격하고 하나님을 작게 만드는 것입니다. 이것을 다윗은 "내가 주께만 범죄했다"라는 놀라운 말로 시인합니다.

셋, 다윗은 자신이 아닌 하나님을 옹호합니다.

다윗은 스스로를 정당화하지 않습니다. 스스로를 방어하거나 면피하려 하지 않습니다. 그는 4절에서 "주께서 말씀하실 때에 의로우시다 하고 주께서 심판하실 때에 순전하시다 하리이다"라고 고백합니다. 하나님은 의롭고 순전하십니다. 설령 다윗을 지옥 불에 던져 넣으신다 해도 하나님은 죄가 없으십니다. 이것이 근본적이고 하나님 중심적인 회개입니다. 이것이 구원받은 사람들이 생각하고 느끼는 방식입니다.

하나님은 의로우시기에 우리를 벌하시는 것이 마땅하지만, 그럼에도 우리는 아직 숨을 쉬고 있습니다. 이 사실은 그분의 순전한 자비를 드러냅니다. 우리가 용서받은 것은 하나님의 순전한 자비, 예수님의 피로 산 순전한 자비입니다. 다윗은 자기 자신이 아닌 하나님의 의로우심을 옹호합니다.

넷, 다윗은 자신의 타락한 본성에 주의를 기울입니다.

다윗은 5절에서 "내가 죄악 중에서 출생하였음이여 어머니가 죄 중에서 나를 잉태하였나이다"라고 고백합니다. 어떤 사람들은 죄의식을 덜고자 타락한 본성을 핑계 삼습니다. 그러나 타락한 본성은 다윗의 죄의식을 더욱 강화했습니다.

다윗에게 있어 간음하고, 살인하고, 거짓말한 사실은 단순히 그러한 죄를 저지른 것 이상입니다. 다시 말해 그는 애초에 간음자, 살인자, 거짓말쟁이로 '타고난' 것입니다. 그는 하나님이 자신을 구제하지 않으신다면 더 많은 악행을 저지를 것을 알았습니다.

다섯. 다윗은 자신의 마음을 비추는 하나님의 자비의 빛을 거슬렀다고 시인합니다.

다윗은 6절에서 "보소서 주께서는 중심이 진실함을 원하시오니 내게 지혜를 은밀히 가르치시리이다"라고 고백합니다. 하나님은 다윗을 가르치셨습니다. 하나님은 다윗을 지혜롭게 하셨고, 다윗은 많은 지혜로운 일을 했습니다. 그런데 죄가 고개를 든 것입니다. 이는 그의 죄를 더욱 무겁게 했습니다. "나는 그토록 많은 지식과 지혜를 얻는 복을 누렸다. 그토록 많은 빛이 비추어졌는데도 이런 짓을 하다니 나의 죄가 얼마나 깊은가!" 그리하여 다윗은 나단과 하나님과 더불어 자신을 정죄하고 자신이 얼마나 타락했는지 고백합니다.

4. 새롭게 해 주시기를 간구했다

"내게 즐겁고 기쁜 소리를 들려 주시사 주께서 꺾으신 뼈들도 즐거워하게 하소서…… 하나님이여 내 속에 정한 마음을 창조하시고 내 안에 정직한 영을 새롭게 하소서 나를 주 앞에서 쫓아내지 마시며 주의 성령을 내게서 거두지 마소서 주의 구원의 즐거움을 내게 회복시켜 주시고 자원하는 심령을 주사 나를 붙드소서 그리하면 내가 범죄자에게 주의 도를 가르치리니 죄인들이 주께 돌아오리이다…… 주여 내 입술을 열어 주소서 내 입이 주를 찬송하여 전파하리이다…… 하나님께서 구하시는 제사는 상한 심령이라 하나님이여 상하고 통회하는 마음을 주께서 멸시하지 아니하시리이다"(8, 10-13, 15, 17절).

다윗은 무력한 가운데 하나님의 자비를 바라보고, 용서와 깨끗게 하심을 구하고, 자신의 죄가 얼마나 크고 깊은지 고백한 후, 마지막으로 용서 이상의 것을 구합니다. 즉 다윗은 새롭게 해 주시기를 간구합니다. 그는 하나님에 의해 변화되기를 전심으로 열망합니다.

다윗은 이러한 변화를 위해 적어도 여섯 가지로 마음을 쏟습니다. 여기서 중요한 것은 '용서받은 사람들은 하나님에 의해 변화되는 데 온 마음을 쏟는다'는 것입니다. 간음자, 살인자, 거짓말쟁이들은 하나님의 용서를 경험하면서 과거의 자신을 미워하고 하나님에 의해 변화되기를 갈망합니다.

하나, 다윗은 하나님이 그를 택하셨는지 확인해 주시기를 기도합니다.

다윗은 11절에서 "나를 주 앞에서 쫓아내지 마시며 주의 성령을 내게서 거두지 마소서"라고 고백합니다. 어떤 사람들은 하나님의 택함 받은 사람은 이렇게 기도하면 안 된다고 말합니다. 이는 구원을 잃을 수도 있다는 뜻이라고 말입니다. 그러나 다윗이나 제가 "나를 주 앞에서 쫓아내지 마시며 주의 성령을 내게서 거두지 마소서"라고 기도할 때 그 의미는 다음과 같습니다. "저를 택함 받지 못한 사람처럼 다루지 마소서. 제가 히브리서 6장에 나오는 성령의 맛만 본 사람처럼 되지 않게 하소서. 오, 하나님. 제가 당신의 자녀이고 결코 멸망하지 않으리라는 확신을 주소서."

둘, 다윗은 새롭고 정직하고 굳건한 마음과 영을 위해 기도합니다.

다윗은 10절에서 "하나님이여 내 속에 정한 마음을 창조하시고 내 안에 정직한 영을 새롭게 하소서"라고 고백합니다. 여기서 "정직한 영"(right spirit)은 굳건하고 요동하지 않는 영입니다. 다윗은 그가 방금 경험한 것 같은 불안정한 상태를 끝내고 싶어 합니다.

셋, 다윗은 자원하는 심령과 하나님의 구원의 즐거움을 위해 기도합니다.

다윗은 8절에서 "내게 즐겁고 기쁜 소리를 들려 주시사 주께서 꺾으신 뼈들도 즐거워하게 하소서"라고 고백하고, 12절에서는 "주의 구원의 즐거움을 내게 회복시켜 주시고 자원하는 심령을 주사 나를 붙드소서"라고 고백합니다.

이 시편에서 다윗이 직접적으로 성적인 문제에 대해 기도하지 않았다니 놀라운 일입니다. 그의 모든 타락은 성적인 문제에서 시작해 거짓말과 살인으로 이어진 것 아닙니까? 글쎄요, 정말 그럴까요?

다윗은 왜 성욕을 절제하게 해 달라고 부르짖지 않았을까요? 그는 왜 사람들이 자신에게 책임을 묻게 해 달라고 기도하지 않았을까요? 왜 음란한 이미지와 생각으로부터 자신을 보호해 달라고 기도하지 않았을까요? 곧 성적인 죄는 병의 근원이 아닌 증상임을 알았기 때문입니다.

사람들은 예수님 안에서 충만한 기쁨과 즐거움을 느끼지 못하기에 성적인 죄를 짓습니다. 그들의 영혼은 안정적이거나 견고하거나 굳건하지 않습니다. 그들의 영혼은 끊임없이 흔들립니다. 그들은 유혹에 넘어갑니다. 이는 그들의 감정과 생각 안에 하나님을 위한 자리가 없기 때문입니다.

다윗은 자신이 그렇다는 것을 알았습니다. 우리도 마찬가지입니다. 다윗의 이 기도는 성적인 죄를 저지르는 사람에게 진정으로 필요한 것이 무엇인지 알려 줍니다. 이 시편에는 성과 관련된 말은 단 한 마디도 나오지 않습니다. 대신 다윗은 이렇게 기도합니다. "내게 즐겁고 기쁜 소리를 들려 주시사 주께서 꺾으신 뼈들도 즐거워하게 하소서…… 주의 구원의 즐거움을 내게 회복시켜 주시고 자원하는 (그리고 굳건하고 요동치 않는) 심령을 주사 나를 붙드소서"(8, 12절).

다윗은 자원하는 심령을 달라고 부르짖습니다. 그는 사람들을 착취하기보다 사람들에게 관대하기를 원합니다. 다윗의 이 기도에는 우리를 위한 심오한 지혜가 담겨 있습니다.

넷, 다윗은 그의 기쁨이 찬송이 되어 흘러나오게 되기를 구합니다.

다윗은 15절에서 "주여 내 입술을 열어 주소서 내 입이 주를 찬송하여 전파하리이다"라고 고백합니다. 찬송은 장애물이 사라졌을 때 기쁨이 하는 일입니다. 다윗이 하나님께 청하는 것이 바로 이것입니다. "오, 하나님. 제 마음을 둔하게 하고 제 입을 막는 모든 것을 제하셔서 제가 주님을 찬송하게 하소서. 제가 기쁨을 이기지 못하고 노래하게 하소서."

다섯, 다윗은 이 모든 일의 결과로, 하나님을 효과적으로 증거하는 삶을 살게 해 달라고 청합니다.

다윗은 13절에서 "그리하면 내가 범죄자에게 주의 도를 가르치리니 죄인들이 주께 돌아오리이다"라고 고백합니다. 다윗은 용서받는 데서 만족하지 않습니다. 깨끗케 되는 데서 만족하지 않습니다. 하나님의 택하심을 받는 데서 만족하지 않습니다. 정직한 영이 되는 데서 만족하지 않습니다. 홀로 하나님을 즐거워하는 데서 만족하지 않습니다.

다윗은 그의 깨어진 삶이 다른 사람들을 낫게 하는 데 도움이 되기까지 만족하지 않을 것입니다. "그리하면 내가 범죄자에게 주의 도를 가르치리니 죄인들이 주께 돌아오리이다."

여섯. 다윗은 중요한 무언가를 발견합니다.

다윗은 이 모든 일을 통해 하나님이 그를 사랑으로 치셨음을 발견합니다. 그리고 상하고 통회하는 마음이 하나님의 자녀라는 표시임을 알게 됩니다. 다윗은 17절에서 다음과 같이 고백합니다. "하나님께서 구하시는 제사는 상한 심령이라 하나님이여 상하고 통회하는 마음을 주께서 멸시하지 아니하시리이다."

상한 심령의 기쁨

상한 심령의 기쁨이 모든 것의 기초입니다. 그리스도인이 된다는 것은 상하고 통회하게 된다는 의미입니다. 이 세상을 살아가는 동안 상하고 통회하는 것 이상의 무언가에 도달하리라고 착각하지 마십시오.

상한 심령은 하나님의 '행복한' 자녀들이 이 땅에 살면서 나타내는 표지입니다. 우리는 본향으로 가는 내내 상하고 통회할 것입니다. 죄가 그 자랑스러운 고개를 뻣뻣이 들지 않는 한 말입니다. 상하고 통회하는 것은 그리스도인이 기뻐하고 찬송하고 복음을 전하는 데 '장애'가 되지 않습니다. 오히려 그리스도인의 기쁨과 찬송과 복음 증거에 '풍미'를 더합니다. 조나단 에드워즈(Jonathan Edwards)의 글이 이를 잘 말해 줍니다.

> 그리스도께 달콤한 (향기가 되는) 모든 친절한 감정은…… 상한 심령이란 감정이다. 참된 그리스도인의 사랑은 하나님을 향하든 인간을 향하든 상한 심령의 겸손한 사랑이다. 그리스도인의 바람은 얼마나 진지하든 겸손한 바람이고, 그의 소망은 겸손한 소망이다. 그리스도인의 기쁨은 형언할 수 없이 영광으로 가득할 때에도 상한 심령의 겸손한 기쁨이다.[5]

---

5) 조나단 에드워즈, 『신앙감정론』, 정성욱 역 (서울: 부흥과개혁사, 2005) ; Jonathan Edwards, *Religious Affections* (New haven: Yale University Press, 1959), 339.

◈ 시편을 쓰며 마음에 채우다

1 하나님이여 주의 인자를 따라 내게 은혜를 베푸시며 주의 많은 긍휼을 따라 내 죄악을 지워 주소서 2 나의 죄악을 말갛게 씻으시며 나의 죄를 깨끗이 제하소서 3 무릇 나는 내 죄과를 아오니 내 죄가 항상 내 앞에 있나이다

⁴ 내가 주께만 범죄하여 주의 목전에 악을 행하였사오니 주께서 말씀하실 때에 의로우시다 하고 주께서 심판하실 때에 순전하시다 하리이다 ⁵ 내가 죄악 중에서 출생하였음이여 어머니가 죄 중에서 나를 잉태하였나이다 ⁶ 보소서 주께서는 중심이 진실함을 원하시오니 내게 지혜를 은밀히 가르치시리이다

⁷ 우슬초로 나를 정결하게 하소서 내가 정하리이다 나의 죄를 씻어 주소서 내가 눈보다 희리이다 ⁸ 내게 즐겁고 기쁜 소리를 들려 주시사 주께서 꺾으신 뼈들도 즐거워하게 하소서 ⁹ 주의 얼굴을 내 죄에서 돌이키시고 내 모든 죄악을 지워 주소서

¹⁰ 하나님이여 내 속에 정한 마음을 창조하시고 내 안에 정직한 영을 새롭게 하소서 ¹¹ 나를 주 앞에서 쫓아내지 마시며 주의 성령을 내게서 거두지 마소서 ¹² 주의 구원의 즐거움을 내게 회복시켜 주시고 자원하는 심령을 주사 나를 붙드소서 ¹³ 그리하면 내가 범죄자에게 주의 도를 가르치리니 죄인들이 주께 돌아오리이다

14 하나님이여 나의 구원의 하나님이여 피 흘린 죄에서 나를 건지소서 내 혀가 주의 의를 높이 노래하리이다 15 주여 내 입술을 열어 주소서 내 입이 주를 찬송하여 전파하리이다 16 주께서는 제사를 기뻐하지 아니하시나니 그렇지 아니하면 내가 드렸을 것이라 주는 번제를 기뻐하지 아니하시나이다

¹⁷ 하나님께서 구하시는 제사는 상한 심령이라 하나님이여 상하고 통회하는 마음을 주께서 멸시하지 아니하시리이다 ¹⁸ 주의 은택으로 시온에 선을 행하시고 예루살렘 성을 쌓으소서 ¹⁹ 그 때에 주께서 의로운 제사와 번제와 온전한 번제를 기뻐하시리니 그 때에 그들이 수소를 주의 제단에 드리리이다

◆ 묵상 노트

자신의 표현으로 다시 고백하는 시편 51편

자녀들이 하나님을 신뢰하도록 돕는 가장 효과적인 행동은 자녀들 앞에서 끊임없이 주님을 송축하는 것입니다. 입술로만이 아니라, 영혼을 담아 진실하게 말입니다. 복음으로 인하여 주님을 송축하는 소리를 자녀들이 듣게 하십시오.

4장

자녀의 마음에 **시편 103편**을 채우다

"내 영혼아 여호와를 송축하라"

시편 103편

다윗의 시

내 영혼아 여호와를 송축하라
내 속에 있는 것들아 다 그의 거룩한 이름을 송축하라

내 영혼아 여호와를 송축하며
그의 모든 은택을 잊지 말지어다

그가 네 모든 죄악을 사하시며
네 모든 병을 고치시며

네 생명을 파멸에서 속량하시고
인자와 긍휼로 관을 씌우시며

좋은 것으로 네 소원을 만족하게 하사
네 청춘을 독수리 같이 새롭게 하시는도다

GOODTV 개역개정 성경
시편 103편 오디오클립으로 연결됩니다.

여호와께서 공의로운 일을 행하시며

억압 당하는 모든 자를 위하여 심판하시는도다

그의 행위를 모세에게,

그의 행사를 이스라엘 자손에게 알리셨도다

여호와는 긍휼이 많으시고 은혜로우시며

노하기를 더디 하시고 인자하심이 풍부하시도다

자주 경책하지 아니하시며

노를 영원히 품지 아니하시리로다

우리의 죄를 따라 우리를 처벌하지는 아니하시며

우리의 죄악을 따라

우리에게 그대로 갚지는 아니하셨으니

이는 하늘이 땅에서 높음 같이
그를 경외하는 자에게 그의 인자하심이 크심이로다

동이 서에서 먼 것 같이
우리의 죄과를 우리에게서 멀리 옮기셨으며

아버지가 자식을 긍휼히 여김 같이
여호와께서는 자기를 경외하는 자를 긍휼히 여기시나니

이는 그가 우리의 체질을 아시며
우리가 단지 먼지뿐임을 기억하심이로다

인생은 그 날이 풀과 같으며
그 영화가 들의 꽃과 같도다

그것은 바람이 지나가면 없어지나니
그 있던 자리도 다시 알지 못하거니와

여호와의 인자하심은 자기를 경외하는 자에게
영원부터 영원까지 이르며

그의 의는 자손의 자손에게 이르리니

곧 그의 언약을 지키고
그의 법도를 기억하여 행하는 자에게로다

여호와께서 그의 보좌를 하늘에 세우시고
그의 왕권으로 만유를 다스리시도다

능력이 있어 여호와의 말씀을 행하며
그의 말씀의 소리를 듣는 여호와의 천사들이여
여호와를 송축하라

그에게 수종들며 그의 뜻을 행하는 모든 천군이여
여호와를 송축하라

여호와의 지으심을 받고
그가 다스리시는 모든 곳에 있는 너희여
여호와를 송축하라
내 영혼아 여호와를 송축하라

우리는 시편 42편에서 영적 침체에 대한 교훈을, 시편 51편에서 후회와 죄에 대한 교훈을 얻었습니다. 이제 하나님의 선하심에 대한 감사와 찬양을 노래한 시편 103편을 살펴보려 합니다.

시편 103편은 모든 신자들을 위한 시이지만 그중에서도 부모들, 특히 아버지들과 관련이 있습니다. 따라서 이번 장은 많은 부분 아버지의 역할을 강조하겠지만, 시편 103편은 여전히 모든 신자에게 하나님의 자비로우심과 선하심과 긍휼하심에 어떻게 반응하고 생각하고 느끼고 행동해야 하는지 강력한 교훈을 전해 줍니다.

신실한 아버지는 하나님을 송축한다

"아버지가 자식을 긍휼히 여김 같이 여호와께서는 자기를 경외하는 자를 긍휼히 여기시나니"(13절).

이 구절은 하나님이 인간 아버지들을 관찰함으로써 하나님 되는 법을 배우신다는 뜻이 아닙니다. 또는 하나님이 긍휼을 베풀지 말지 고민하시다가 좋은 아버지들이 긍휼을 베푸는 모습을 보고 그분께서도 긍휼해지기로 결심하신다는 뜻이 아닙니다.

그보다는 우리가 좋은 아버지를 볼 때 그에게서 하나님의 초상을 본다는 뜻입니다. 이를 이렇게도 표현할 수 있겠지요. "하나님은 이 땅의 아버지들이 자신의 초상이 되도록 계획하셨다."

하나님은 아담을 창조하시기 전에도 아들이 있었습니다. 그분은 창조주 하나님이시기 이전에 아버지 하나님이셨습니다. 그분은 자신의 초상을 만들기 이전에 무엇을 그릴지 모두 아셨습니다.

이 땅의 모든 아버지께 말씀드립니다. 우리는 하나님의 부성을 자녀들에게 보여 주도록 계획되었습니다. 그리고 우리는 하나님이 그분의 자녀들을 돌보시는 것을 보며 부성을 배워야 합니다. 우리의 자녀들은 여러분을 보며 하나님의 부성을 배울 것입니다.

우리는 먼지와 같다

무한히 완전하신 하나님은 불완전한 자녀들에게 좋은 아버지가 되십니다. 그 덕분에 우리는 하나님의 부성이 어떠한지 자녀에게 보여 줄 수 있습니다. "아버지가 자식을 긍휼히 여김 같이 여호와께서는 자기를 경외하는 자를 긍휼히 여기시나니"(13절)라는 다윗의 말은 '하나님은 그의 형상을 따라 부성을 창조하셨으며, 좋은 아버지가 되는 것은 하나님을 가리키는 것'이라는 뜻입니다.

이어서 다윗은 우리가 먼지와 같다고 고백합니다. "그가 우리의 체질을 아시며 우리가 단지 먼지뿐임을 기억하심이로다"(14절). 다윗의 이 말은 우리의 짧은 인생과 그리고 시작도 끝도 없으신 하나님을 떠올리게 하고, 그것이 우리 자녀들과 어떤 관련이 있는지 생각하게 합니다.

"인생은 그 날이 풀과 같으며 그 영화가 들의 꽃과 같도다 그것은 바람이 지나가면 없어지나니 그 있던 자리도 다시 알지 못하거니와 여호와의 인자하심은 자기를 경외하는 자에게 영원부터 영원까지 이르며 그의 의는 자손의 자손에게 이르리니 곧 그의 언약을 지키고 그의 법도를 기억하여 행하는 자에게 로다"(15-18절).

아버지들은 자신이 언제까지나 이 땅에 머물러 있을 수 없음을 깨달아야 합니다. 그리고 자신의 자녀들 또한 언제까지나 이 땅에 머무를 수 없음을 깨달아야 합니다. 그러기에 17절은 "자손의 자손"을 언급합니다. 여기서 아버지들이 생각해야 할 것은 '어떻게 하면 자녀들이 영원히 하나님의 사랑의 은택을 입을 수 있을까? 어떻게 하면 자녀들이 하나님의 의로 인해 저주를 받기보다 그로 인해 은혜를 입을 수 있을까?' 하는 것입니다.

17-18절은 이 질문에 세 가지 답을 줍니다. 다음 세 가지가 충족되면 자녀들에게 대대손손 하나님의 인자하심과 공의가 함께할 것입니다.

1. 자녀들이 하나님을 경외하면 (17절)
2. 자녀들이 하나님의 언약을 지키면 (18절)
3. 자녀들이 하나님의 법도를 행하면 (18절)

1. 오늘날 하나님의 언약을 지킨다는 것

두 번째 조건에 먼저 초점을 맞추겠습니다. "그의 의는 자손의 자손에게 이르리니 곧 그의 언약을 지키고…… 자에게로다"(17-18절). 오늘날 하나님의 언약을 지킨다는 것은 과연 어떤 의미일까요?

메시아께서 오신 이후 모든 것이 달라졌습니다. 예수님은 최후의 만찬에서 자신의 피를 나타내는 잔을 들고 말씀하셨습니다. "이 잔은 내 피로 세우는 '새 언약'이니 곧 너희를 위하여 붓는 것이라"(눅 22:20).

이제 하나님과 백성들 사이에 새 언약이 이루어졌습니다. 새 언약은 우리가 그리스도의 보혈로 말미암아 죄 사함을 받고 성령의 권능을 인하여 새 삶을 살 수 있게 합니다. 새 언약은 우리가 새롭게 태어남으로써 예수님과 연합하고, 예수님을 구원자이자 주님으로 받아들일 것을 요구합니다.

따라서 하나님의 인자하심과 공의가 하나님의 언약을 지키는 자손에게 영원히 이르리라는 17-18절 말씀은 오늘날 우리 자녀들이 예수님을 그들 삶의 구원자이자 주님으로 받아들여야 한다는 뜻입니다.

2. 하나님을 경외한다는 것

하나님의 인자하심과 공의를 얻는 또 다른 조건은 하나님을 경외하는 것입니다. 17절은 "여호와의 인자하심은 자기를 경외하는 자에게 영원부터 영원까지 이르며"라고 말합니다. 하나님을 경외한다는 것은 하나님이 너무도 권능이 있으시고 너무도 거룩하시고 너무도 위엄이 있으셔서, 우리가 감히 그분께로부터 달아날 수 없고, 오직 그분이 우리에게 약속하신 모든 것을 바라며 그분께로 달려가는 것을 뜻합니다.

하나님을 경외하는 것은 메시아이신 예수님께 나아오는 것과 반대되지 않습니다. 하나님을 경외하는 것은 우리가 나아오는 '방식'입니다. 우리는 경건하게 나아오고, 겸손하게 나아옵니다. 하나님께 받을 것이 있다는 생각 따위는 하지 않습니다. 하나님이 붙잡지 않으시면 우리의 변덕스러운 마음이 하나님께로부터 돌아설 것이라고 두려워하며 떨리는 마음으로 나아옵니다. 상하고 통회하는 마음으로 나아옵니다.

3. 하나님의 법도를 행한다는 것

하나님의 공의를 저주가 아닌 구원으로 경험하게 하는 세 번째 조건은 18절에 나옵니다. "그의 법도를 기억하여 행하는 자에게로다." 이 말씀은 구원자에 대한 믿음이 진실해야 한다는 뜻입니다. 그리스도에 대한 '진실한' 믿음과 그분의 법도에 대한 '진실한' 복종, 그분의 존귀하심에 대한 '진실한' 찬미. 이런 것들이 우리의 삶을 변화시킵니다. 다시 말해 이 말씀은 하나님에 대한 경외와 그리스도에 대한 믿음이 실제적이어야 하며 열매를 맺어야 한다는 뜻입니다.

예수님의 보혈과 그분의 의만이 우리의 죄를 사하고 우리를 의롭게 할 수 있습니다. 그러나 하나님이 우리를 구원하셨음을 '보여 주는' 표지는 우리의 순종입니다. 비록 그 순종이 아무리 불완전할지라도 말입니다. 우리의 순종은 우리의 믿음이 진실하다는 것과 우리가 진실로 언약을 지키는 사람이라는 것, 그리고 우리를 대신해 죽으신 예수 그리스도를 우리가 꼭 붙잡고 있음을 보여 줍니다.

그러므로 우리가 먼지와 같음을 아십시오. 우리는 풀과 같으며, 우리의 영화는 들꽃과 같습니다. 바람이 지나가면 없어지며 그 있던 자리도 다시 알지 못할 것입니다(15-16절).

우리가 가고 나면 우리의 자녀들이 오고 자녀들의 자녀들이 올 것입니다. 그러므로 우리가 해야 할 질문은 "자녀들이 하나님을 경외할 것인가? 자녀들이 하나님의 언약을 지킬 것인가? 자녀들이 하나님의 법도를 행할 것인가?"입니다. 이 모두를 행하면 하나님의 인자하심과 공의가 영원히 그들을 축복할 것입니다.

주님을 송축하라

그렇다면 자녀들을 이처럼 축복받은 상태로 인도하기 위해 부모들이 해야 하는 일은 무엇입니까? 이 시편은 특별히 무엇을 강조하고 있습니까? 우리의 가족과 친구들을 위해, 교회를 위해, 이 지역을 위해, 그리고 자신의 영혼을 위해 이 시편이 우리 모두에게 하라고 하는 중요한 한 가지는 무엇입니까?

바로 '주님을 송축하는 것'입니다.

시편 103편은 시편 기자가 자기 영혼을 향해, 그리고 천사들과 천군과 하나님이 지으신 모든 것을 향해 주님을 송축하라고 설교하며 시작하고 끝을 맺습니다. 이 시편은 주님을 송축하는 것에 압도적으로 초점이 맞추어져 있습니다.

다윗은 1-2절에서 "내 영혼아 여호와를 송축하라 내 속에 있는 것들아 다 그의 거룩한 이름을 송축하라 내 영혼아 여호와를 송축하며 그의 모든 은택을 잊지 말지어다"라고 말합니다. 이어서 여호와의 은택을 열거하고는 이 시편의 마무리인 20-22절에서 다음과 같이 결론을 맺습니다.

> "능력이 있어 여호와의 말씀을 행하며 그의 말씀의 소리를 듣는 여호와의 천사들이여 여호와를 송축하라 그에게 수종들며 그의 뜻을 행하는 모든 천군이여 여호와를 송축하라 여호와의 지으심을 받고 그가 다스리시는 모든 곳에 있는 너희여 여호와를 송축하라 내 영혼아 여호와를 송축하라."

주님을 송축한다는 것은 무엇입니까? 바로 '하나님의 위대하심과 선하심에 대해 좋게 말하는 것'입니다. 이는 찬양한다는 말과도 비슷합니다.

시편 34편 1절은 이렇게 말합니다. "내가 여호와를 항상 송축함이여 내 입술로 항상 주를 찬양하리이다." 여기서 "입술"이라는 표현에 주목하십시오. "내 입술로 항상 주를 찬양하리이다." 주님을 송축하는 것은 주님의 선하심과 위대하심을 '말하는 것' 또는 '노래하는 것'입니다.

시편 103편의 처음과 마지막에서 다윗은 하나님의 선하심과 위대하심을 영혼으로부터 고백해야 한다고 말합니다. 영혼없이 입술로만 하나님을 송축하는 것은 위선입니다. 예수님은 "이 백성이 입술로는 나를 공경하되 마음은 내게서 멀도다"(마 15:8)라고 말씀하셨습니다.

다윗은 이 같은 위선의 위험성을 알았기에 그런 식으로 행동하지 않도록 스스로에게 설교합니다. 사실상 그는 이렇게 말하는 셈입니다. "내 영혼아, 와서 하나님의 위대하심과 선하심을 보라. 내 입술과 더불어 온 마음으로 주님을 송축하자. 우리의 전 존재로 주님을 송축하자!"

자녀들이 하나님을 신뢰하도록 돕는 가장 효과적인 행동은 자녀들 앞에서 끊임없이 주님을 송축하는 것입니다. 입술로만이 아니라, 영혼을 담아 진실하게 말입니다.

주님을 송축해야 하는 세 가지 이유

시편 103편은 복음이 가장 풍부한 시편 가운데 하나입니다. 이를 모두 펼쳐 보이려면 이 작은 책으로는 부족합니다. 그래서 여기에서는 다윗이 말한, 우리가 주님을 송축해야 하는 이유 세 가지만 언급하려 합니다.

1. 주권자이신 하나님을 송축하라

첫째, 우리는 주님의 주권자 되심을 인하여 그분을 송축해야 합니다.

19절은 "여호와께서 그의 보좌를 하늘에 세우시고 그의 왕권으로 만유를 다스리시도다"라고 말합니다. "주님, 주님의 왕권이 만유를 다스리시니 주님을 송축합니다!"라는 이 찬양을 자녀들이 듣게 하십시오. 하나님은 만유, 즉 모든 사람과 모든 정부, 모든 기후 시스템, 모든 동물, 모든 분자, 모든 은하를 다스리십니다.

다윗은 하나님을 송축하자고 천사들과 모든 천군을 부릅니다(20–22절). 천사들과 천군을 통해 하나님이 주권을 행사하심을 알았기 때문입니다. 그는 이렇게 말하는 셈입니다. "천사들이여, 주님의 말씀을 행할 때 주님을 송축하라. 천군이여, 주님의 뜻을 행할 때 주님을 송축하라. 주님의 지으심을 받고, 그분이 다스리시는 모든 곳에 있는 너희여, 주님을 송축하라!"

2. 공의로우신 하나님을 송축하라

둘째, 우리는 주님의 공의로우심을 인하여 그분을 송축해야 합니다.

6절은 "여호와께서 공의로운 일을 행하시며 억압 당하는 모든 자를 위하여 심판하시는도다"라고 말합니다. 억압당하는 자들을 위해 공의로운 일을 행하시는 하나님을 크게 기뻐하십시오. 그리고 그 소리를 자녀들이 듣게 하십시오. 저녁 식탁에서, 가족 경건의 시간에 이렇게 고백합시다.

"오, 공의로우신 하나님. 주님을 송축합니다. 때로는 악한 자들이 강해 보이기도 합니다. 하지만 주님이 공의로 그들을 다스리시니 주님을 송축합니다. 이 시대, 혹은 다음 시대에 정의가 행해질 것을 인하여 주님을 송축합니다. 주님을 송축합니다!"

3. 자비로우시고 용서하시는 하나님을 송축하라

마지막으로 우리는 주님의 자비와 용서로 인하여 그분을 송축해야 합니다.

이 시편이 분명하게 송축하는 것 하나는, 바로 우리에게 죄를 묻지 않으시는 하나님의 헤아릴 수 없는 자비입니다. 이것은 복음입니다. 이 모두가 예수님 덕분입니다. 이보다 더 감미로운 구절은 어디에도 없습니다.

"내 영혼아 여호와를 송축하며 그의 모든 은택을 잊지 말지어다 그가 네 모든 죄악을 사하시며 네 모든 병을 고치시며…… 우리의 죄를 따라 우리를 처벌하지는 아니하시며 우리의 죄악을 따라 우리에게 그대로 갚지는 아니하셨으니 이는 하늘이 땅에서 높음 같이 그를 경외하는 자에게 그의 인자하심이 크심이로다 동이 서에서 먼 것 같이 우리의 죄과를 우리에게서 멀리 옮기셨으며"(2- 3, 10-12절).

복음으로 인하여 주님을 송축하는 소리를 자녀들이 듣게 하십시오. 당신의 영혼이 예수님 안에서 기뻐하는 소리를 듣게 하십시오. 죄 사함 받음으로 인하여 당신의 마음이 기쁨과 감사로 뛰어오르는 소리를 듣게 하십시오. 구원자를 향한 당신의 애정을 듣게 하십시오. "주님, 저의 죄를 사하여 주신 주님의 이름을 송축합니다!"라는 당신의 고백을 자녀들이 듣게 하십시오.

그리고 예수님이 당신을 사랑하신 방식으로 배우자와 자녀들을 사랑하십시오.

Shaped by God

◆ 시편을 쓰며 마음에 채우다

¹ 내 영혼아 여호와를 송축하라 내 속에 있는 것들아 다 그의 거룩한 이름을 송축하라 ² 내 영혼아 여호와를 송축하며 그의 모든 은택을 잊지 말지어다 ³ 그가 네 모든 죄악을 사하시며 네 모든 병을 고치시며

4 네 생명을 파멸에서 속량하시고 인자와 긍휼로 관을 씌우시며 5 좋은 것으로 네 소원을 만족하게 하사 네 청춘을 독수리 같이 새롭게 하시는도다 6 여호와께서 공의로운 일을 행하시며 억압 당하는 모든 자를 위하여 심판하시는도다 7 그의 행위를 모세에게, 그의 행사를 이스라엘 자손에게 알리셨도다

8 여호와는 긍휼이 많으시고 은혜로우시며 노하기를 더디 하시고 인자하심이 풍부하시도다 9 자주 경책하지 아니하시며 노를 영원히 품지 아니하시리로다 10 우리의 죄를 따라 우리를 처벌하지는 아니하시며 우리의 죄악을 따라 우리에게 그대로 갚지는 아니하셨으니 11 이는 하늘이 땅에서 높음 같이 그를 경외하는 자에게 그의 인자하심이 크심이로다

¹² 동이 서에서 먼 것 같이 우리의 죄과를 우리에게서 멀리 옮기셨으며 ¹³ 아버지가 자식을 긍휼히 여김 같이 여호와께서는 자기를 경외하는 자를 긍휼히 여기시나니 ¹⁴ 이는 그가 우리의 체질을 아시며 우리가 단지 먼지뿐임을 기억하심이로다

¹⁵ 인생은 그 날이 풀과 같으며 그 영화가 들의 꽃과 같도다 ¹⁶ 그것은 바람이 지나가면 없어지나니 그 있던 자리도 다시 알지 못하거니와 ¹⁷ 여호와의 인자하심은 자기를 경외하는 자에게 영원부터 영원까지 이르며 그의 의는 자손의 자손에게 이르리니 ¹⁸ 곧 그의 언약을 지키고 그의 법도를 기억하여 행하는 자에게로다 ¹⁹ 여호와께서 그의 보좌를 하늘에 세우시고 그의 왕권으로 만유를 다스리시도다

²⁰ 능력이 있어 여호와의 말씀을 행하며 그의 말씀의 소리를 듣는 여호와의 천사들이여 여호와를 송축하라 ²¹ 그에게 수종들며 그의 뜻을 행하는 모든 천군이여 여호와를 송축하라 ²² 여호와의 지으심을 받고 그가 다스리시는 모든 곳에 있는 너희여 여호와를 송축하라 내 영혼아 여호와를 송축하라

◆ 묵상 노트

자신의 표현으로 다시 고백하는 시편 103편

심판은 있습니다. 다만 우리의 소관이 아닐 뿐입니다. 하나님이 심판하실 것입니다. 그날 그리스도인들은 하나님이 하시는 일이 옳음을 인정할 것입니다. 그리고 이 사실은 불의한 사람들로 인해 고통을 받으면서도 우리가 예수님을 따를 근거가 됩니다.

5장

분노하는 마음에 **시편 69편**을 채우다

"주의 분노를 그들 위에 부으소서"

시편 69편

다윗의 시, 인도자를 따라 소산님에 맞춘 노래

하나님이여 나를 구원하소서

물들이 내 영혼에까지 흘러 들어왔나이다

나는 설 곳이 없는 깊은 수렁에 빠지며

깊은 물에 들어가니 큰 물이 내게 넘치나이다

내가 부르짖음으로 피곤하여 나의 목이 마르며

나의 하나님을 바라서 나의 눈이 쇠하였나이다

까닭 없이 나를 미워하는 자가 나의 머리털보다 많고

부당하게 나의 원수가 되어

나를 끊으려 하는 자가 강하였으니

내가 빼앗지 아니한 것도 물어 주게 되었나이다

하나님이여 주는 나의 우매함을 아시오니

나의 죄가 주 앞에서 숨김이 없나이다

GOODTV 개역개정 성경
시편 69편 오디오클립으로 연결됩니다.

주 만군의 여호와여 주를 바라는 자들이
나를 인하여 수치를 당하게 하지 마옵소서
이스라엘의 하나님이여 주를 찾는 자가
나로 말미암아 욕을 당하게 하지 마옵소서

내가 주를 위하여 비방을 받았사오니
수치가 나의 얼굴에 덮였나이다

내가 나의 형제에게는 객이 되고
나의 어머니의 자녀에게는 낯선 사람이 되었나이다

주의 집을 위하는 열성이 나를 삼키고
주를 비방하는 비방이 내게 미쳤나이다

내가 곡하고 금식하였더니
그것이 도리어 나의 욕이 되었으며

내가 굵은 베로 내 옷을 삼았더니
내가 그들의 말거리가 되었나이다

성문에 앉은 자가 나를 비난하며
독주에 취한 무리가 나를 두고 노래하나이다

여호와여 나를 반기시는 때에 내가 주께 기도하오니
하나님이여 많은 인자와 구원의 진리로 내게 응답하소서

나를 수렁에서 건지사 빠지지 말게 하시고
나를 미워하는 자에게서와 깊은 물에서 건지소서

큰 물이 나를 휩쓸거나 깊음이 나를 삼키지 못하게 하시며
웅덩이가 내 위에 덮쳐 그것의 입을 닫지 못하게 하소서

여호와여 주의 인자하심이 선하시오니 내게 응답하시며
주의 많은 긍휼에 따라 내게로 돌이키소서

주의 얼굴을 주의 종에게서 숨기지 마소서
내가 환난 중에 있사오니 속히 내게 응답하소서

내 영혼에게 가까이하사 구원하시며
내 원수로 말미암아 나를 속량하소서

주께서 나의 비방과 수치와 능욕을 아시나이다
나의 대적자들이 다 주님 앞에 있나이다

비방이 나의 마음을 상하게 하여 근심이 충만하니
불쌍히 여길 자를 바라나 없고
긍휼히 여길 자를 바라나 찾지 못하였나이다

그들이 쓸개를 나의 음식물로 주며
목마를 때에는 초를 마시게 하였사오니

그들의 밥상이 올무가 되게 하시며
그들의 평안이 덫이 되게 하소서

그들의 눈이 어두워 보지 못하게 하시며
그들의 허리가 항상 떨리게 하소서

주의 분노를 그들의 위에 부으시며
주의 맹렬하신 노가 그들에게 미치게 하소서

그들의 거처가 황폐하게 하시며
그들의 장막에 사는 자가 없게 하소서

무릇 그들이 주께서 치신 자를 핍박하며
주께서 상하게 하신 자의 슬픔을 말하였사오니

그들의 죄악에 죄악을 더하사
주의 공의에 들어오지 못하게 하소서

그들을 생명책에서 지우사
의인들과 함께 기록되지 말게 하소서

오직 나는 가난하고 슬프오니
하나님이여 주의 구원으로 나를 높이소서

내가 노래로 하나님의 이름을 찬송하며
감사함으로 하나님을 위대하시다 하리니

이것이 소 곧 뿔과 굽이 있는 황소를 드림보다
여호와를 더욱 기쁘시게 함이 될 것이라

곤고한 자가 이를 보고 기뻐하나니
하나님을 찾는 너희들아 너희 마음을 소생하게 할지어다

여호와는 궁핍한 자의 소리를 들으시며
자기로 말미암아 갇힌 자를 멸시하지 아니하시나니

천지가 그를 찬송할 것이요
바다와 그 중의 모든 생물도 그리할지로다

하나님이 시온을 구원하시고 유다 성읍들을 건설하시리니
무리가 거기에 살며 소유를 삼으리로다

그의 종들의 후손이 또한 이를 상속하고
그의 이름을 사랑하는 자가 그 중에 살리로다

시편은 하나님과 사람과 인생에 대한 우리의 생각과 감정을 일깨우고 표현하고 빚도록 하나님의 영감에 의해 쓰인 시들입니다. 지금까지 우리는 영적 침체(42편)와 후회와 죄(51편), 감사와 찬양(103편)에 초점을 맞추어 시편을 살펴보았습니다. 이번 장에서는 분노의 감정, 특히 끔찍하게 잘못된 일이나 부당한 일을 당했을 때 느끼는 분노와 복수 혹은 보복에 대한 열망에 초점을 맞추려 합니다.

　거대한 악과 맞서 싸우는 영화를 보면 대개 초반에는 누구도 악당을 제재하지 못합니다. 우리는 거기서 분노를 느끼지요. 그런데 곧 고결하고 겸손하며 자기희생적인 인물이 등장해 목숨을 걸고 악당을 붙잡아 정의를 이룹니다. 그러면 우리는 깊은 만족을 느낍니다. 그런데 우리는 과연 이런 감정을 느껴도 되는 것일까요?

　현실에서 우리는 종종 괴롭힘을 당하고 때로는 핍박을 받기도 합니다. 그럴 때 우리는 정의가 실현되기를, 우리의 적들이 벌을 받기를 간절히 바랍니다. 이렇게 우리에게 무언가 잘못한 사람들에 대해, 어쩌면 지독히도 큰 잘못을 한 사람들에 대해 우리는 어떻게 느끼고 생각해야 할까요? 무엇을 어떻게 해야 할까요?

저주 시편

시편에는 하나님의 원수들을 저주하는 시들이 있습니다. 저주 시편이라 불리지요. 이 시들은 자주 문제가 됩니다. 예수님이 이렇게 가르치셨기 때문입니다. "너희 원수를 사랑하며 너희를 미워하는 자를 선대하며 너희를 저주하는 자를 위하여 축복하며 너희를 모욕하는 자를 위하여 기도하라"(눅 6:27-28). 예수님은 또한 십자가 위에서 원수들을 위해 기도하셨습니다. "아버지 저들을 사하여 주옵소서 자기들이 하는 것을 알지 못함이니이다"(눅 23:34).

그런데 저주 시편은 예수님이 말씀하시고 행하신 것과 반대되는 듯 보입니다. 우리가 이번 장에서 살펴볼 시편 69편이 그렇습니다. 가장 긴 저주 시편 가운데 하나이지요. 이 시편은 과연 어떻게 하나님과 함께 생각하고 느끼도록 우리의 마음을 빚을까요?

신약 성경의 저자들이 이 시를 어떻게 이해하는지 살펴보면, 답을 찾는 데 도움을 얻을 수 있습니다. 저주하는 부분을 포함한 일곱 개 구절이 신약 성경에 분명하게 인용되어 있지요. 신약 성경의 저자들은 저주 시편을 회피하지 않습니다. 오히려 그들은 예수님이 하신 일과 그 일이 우리에게 어떤 의미가 있는지 설명하기 위해 저주 시편을 사용합니다.

핍박받는 사람과 그의 원수들

시편 69편에서 다윗은 원수들에게 둘러싸입니다. 이들은 다윗과 군사적인 적대 관계에 있는 사람들이 아닙니다. 다윗의 개인적인 원수들로서 냉정하고 악합니다. 다윗은 자신이 완전하다고 주장하지 않습니다. 사실 다윗은 5절에서 자신이 잘못을 했으며 이를 하나님이 아신다고 시인합니다. "하나님이여 주는 나의 우매함을 아시오니 나의 죄가 주 앞에서 숨김이 없나이다."

그러나 다윗의 원수들은 그가 죄를 범했기에 미워하는 것이 아닙니다. 그들은 "까닭 없이" 다윗을 미워합니다. 그들은 거짓말로 다윗을 공격합니다. "까닭 없이 나를 미워하는 자가 나의 머리털보다 많고 부당하게 나의 원수가 되어 나를 끊으려 하는 자가 강하였으니 내가 빼앗지 아니한 것도 물어 주게 되었나이다"(4절).

하나님의 영광을 위하는 열성

문제는 이것입니다. 하나님의 영광을 위하는 다윗의 열성이 그의 원수들에게 비방거리가 되었습니다. 다윗은 7절에서 "내가 '주를 위하여' 비방을 받았사오니 수치가 나의 얼굴에 덮였나이다"라고 말하고, 9절에서는 "'주의 집을 위하는 열성'이 나를 삼키고 주를 비방하는 비방이 내게 미쳤나이다"라고 말합니다. 다시 말해 다윗의 고통은 부당할 뿐 아니라 정확히 하나님의 대리자로서 겪는 고통이었습니다.

"주를 비방하는 비방이 내게 미쳤나이다." 하나님이 비방을 받으실 때 다윗도 비방을 받았습니다. 그가 하나님을 대리하기에 하나님을 미워하는 사람들은 그를 힘들게 했습니다.

구원을 위한 간구

다윗은 이 같은 비참한 상황에서 구원해 주시기를 하나님께 간구합니다. "나를 수렁에서 건지사 빠지지 말게 하시고 나를 미워하는 자에게서와 깊은 물에서 건지소서"(14절). "내 영혼에게 가까이하사 구원하시며 내 원수로 말미암아 나를 속량하소서"(18절).

그리고 이어서 순전히 원수들에 대한 저주로 이루어진 22-28절이 나옵니다. 다윗은 하나님이 이 원수들(그의 원수들이자 하나님의 원수들)을 심판하시고, 그들을 용서하지 마시기를 기도합니다. 다윗은 원수들의 구원을 위해 기도하지 않습니다. 다윗은 그들이 벌을 받기를 구합니다.

"그들의 밥상이 올무가 되게 하시며 그들의 평안이 덫이 되게 하소서 그들의 눈이 어두워 보지 못하게 하시며 그들의 허리가 항상 떨리게 하소서 주의 분노를 그들의 위에 부으시며 주의 맹렬하신 노가 그들에게 미치게 하소서"(22-24절).

도움을 요청하는 부르짖음

다윗은 하나님께 도와주시기를 부르짖고 하나님을 찬양하겠다고 약속하며 이 시편을 끝맺습니다. 29-30절에서 그는 이렇게 말합니다. "오직 나는 가난하고 슬프오니 하나님이여 주의 구원으로 나를 높이소서 내가 노래로 하나님의 이름을 찬송하며 감사함으로 하나님을 위대하시다 하리니."

요약하자면, 여기 있는 다윗은 완전한 사람은 아니지만(5절) 의인(28절)입니다. 그는 하나님의 영광을 사랑하며, 구원하고 속량하시는 하나님의 자비를 신뢰하고(18절), 곤고한 사람들 편에 섭니다(32-33절). 다윗은 그의 원수이자 하나님의 원수인 자들에게 부당한 핍박을 받으며 고통을 당합니다. 이 시련에 한탄하고 도움을 청하며 부르짖는 가운데 그는 일곱 개 절을 할애해 원수들을 벌하시기를 하나님께 청합니다.

신약 성경에 인용된 시편 69편

그렇다면 신약 성경은 시편 69편을 어떻게 다룰까요? 신약 성경은 시편 69편을 인용하는 것에 결코 비판적이지 않습니다. 신약 성경은 시편 69편을 우리가 거부해야 하거나 마음에서 내보내야 할 무엇으로 취급하지 않습니다. 결코 이 시편을 '죄악된' 개인적인 복수로 취급하지 않습니다.

1장에서 살펴보았듯 예수님은 시편을 하나님의 영감으로 쓰인 것으로 여기셨습니다(막 12:36; 요 10:35, 13:18). 그러기에 우리는 신약 성경에서 이 시편이 신성한 진리로 받아들여지는 것을 볼 수 있습니다.

신약 성경은 시편 69편을 적어도 두 가지 중요한 방식으로 인용합니다. 하나는 다윗의 말로 인용하는 것이고, 다른 하나는 예수님의 말씀으로 인용하는 것입니다. 이 두 가지 방식을 차례로 살펴보며, 오늘날 우리가 이 시편을 어떻게 읽어야 하는지, 그리고 포악한 자들을 벌해 달라고 구하는 다윗의 기도를 어떻게 생각하고 느껴야 하는지 알아보겠습니다.

다윗의 말로서 시편 69편

로마서 11장 9-11절에서 바울은 시편 69편 22-23절을 인용합니다. 시편 말씀을 먼저 보겠습니다. "그들의 밥상이 올무가 되게 하시며 그들의 평안이 덫이 되게 하소서 그들의 눈이 어두워 보지 못하게 하시며 그들의 허리가 항상 떨리게 하소서." 이 구절은 하나님이 원수들에게 분노를 부으시기를 구하는(24절) 다윗의 기도 시작 부분입니다. 다윗은 원수들이 그에게 쓸개를 음식으로 주었듯(21절) 그들의 밥상이 그들에게 걸림돌이 되기를 구합니다. 그리고 그들이 눈멀어 앞을 보지 못하고 항상 몸이 떨리기를 기도합니다.

다시 말해 이 기도는 다윗이 원수들을 비난하고 저주하며 그들의 파멸을 구하는 기도입니다. 다윗은 27-28절에서 이렇게 말합니다. "그들의 죄악에 죄악을 더하사 주의 공의에 들어오지 못하게 하소서 그들을 생명책에서 지우사 의인들과 함께 기록되지 말게 하소서." 다윗은 원수들이 파멸되기 원합니다. 그들이 지옥에 가기 원합니다.

그러나 이는 죄악된 개인적인 복수가 아닙니다.

만약 이 시편에서 다윗이 구하는 것이 죄가 되는 개인적인 복수라면 바울은 적어도 이 시편을 회피하거나 수정하려 했을 것입니다. 그러나 오히려 반대로 바울은 로마서 11장에서 자신의 가르침을 뒷받침하기 위해 곧장 이 본문으로 향합니다. 바울은 이 시편을 조금도 불편해하지 않습니다.

로마서 11장에서 바울은 이스라엘 백성 대부분이 예수님을 메시아로 인정하지 않았기에 하나님의 심판 아래 놓였다고 가르칩니다. 그 심판이란 하나님이 그들의 마음을 완악하게 하셔서 하나님을 믿지 못하게 하신 것입니다.

바울은 로마서 11장 7절에서 "그런즉 어떠하냐 이스라엘이 구하는 그것을 얻지 못하고 오직 택하심을 입은 자가 얻었고 그 남은 자들은 우둔하여졌느니라"라고 말합니다. 그리고 몇 구절 뒤에서 이렇게 말합니다. "형제들아 너희가 스스로 지혜 있다 하면서 이 신비를 너희가 모르기를 내가 원하지 아니하노니 이 신비는 이방인의 충만한 수가 들어오기까지 이스라엘의 더러는 우둔하게 된 것이라"(25절).

따라서 로마서 11장이 말하는 바울의 주된 가르침 중 하나는 많은 이방인이 구원을 얻기까지 하나님이 이스라엘 백성을 우둔하게 하심으로 이스라엘을 심판하신다는 것입니다.

그리고 다윗은 하나님을 대신해 말하고 있습니다.

바울은 이 같은 자신의 주장을 뒷받침하기 위해 시편 69편 22-23절을 이렇게 인용합니다. "또 다윗이 이르되 그들의 밥상이 올무와 덫과 거치는 것과 보응이 되게 하시옵고 그들의 눈은 흐려 보지 못하고 그들의 등은 항상 굽게 하옵소서 하였느니라"(롬 11:9-10).

다시 말해 바울은 다윗의 말을 죄악된 개인적인 복수가 아닌, 하나님의 기름 부음을 받은 자의 원수에게 무슨 일이 일어나는지 설명하는 신뢰할 만한 언급으로 해석합니다.

다윗은 하나님의 기름 부음을 받은 왕이었지만 거부당하고 비방을 받았습니다. 그는 많이 인내하는 삶을 살았습니다(시 109:4). 그러나 이제 하나님의 영감과 기름 부음을 받은 자로서 말하는 순간이 왔습니다. 기도를 통해 그의 원수들의 눈을 어둡게 하고 마음을 완악하게 하는 순간입니다. 다윗의 원수들은 심판을 경험할 것입니다. 이제 다윗이 하나님을 대신해 말하고 있기 때문입니다.

바울은 다윗의 목소리를 복수심에 가득 찬 감정적인 말로 듣지 않습니다. 하나님의 기름 부음을 받은 자가 그의 원수들을 향해 침착하게 건네는 예언적인 심판의 말로 듣습니다. 그래서 바울은 로마서 11장에서, 즉 그리스도를 대적하는 자들이 하나님의 심판으로 눈이 어두워지고 마음이 완악해질 것이라고 지적하는 부분에서 시편 69편 22-23절을 인용한 것입니다.

여기서 신약 성경이 시편 69편을 인용하는 첫 번째 방식을 알 수 있습니다. 곧 성령의 감동을 받은 하나님의 대변자가 하나님의 기름 부음을 받은 자의 원수에게 고하는 예언적인 심판의 말로서 인용합니다.

예수님의 말씀으로서 시편 69편

신약 성경이 시편 69편을 인용하는 두 번째 방식은 예수님의 말씀으로서 인용하는 것입니다. 그럴 수 있는 이유는 첫째, 예수님은 다윗의 자손이시고(롬 1:3; 마 21:15, 22:42) 둘째, 하나님의 기름 부음을 받은 왕으로서 다윗에게 일어난 일은 마지막으로 기름 부음을 받으신 예수님에게 일어날 일을 예표하기 때문입니다. 예수님은 이 시편을 읽으시고 자신의 사명이 이루어지는 것을 내다보셨습니다.

신약 성경이 어떻게 시편 69편을 예수님의 말씀으로 묘사하는지 네 가지로 살펴보겠습니다.

하나, 성전을 깨끗케 하신 예수님의 말씀으로 묘사합니다.

요한복음 2장 13-17절을 보면 예수님이 성전 안 상인들을 내쫓으시는 장면이 나옵니다. 16절에서 예수님은 비둘기를 파는 사람들에게 이렇게 말씀하십니다. "이것을 여기서 가져가라 내 아버지의 집으로 장사하는 집을 만들지 말라."

성경을 잘 알던 제자들은 하나님의 집에 대한 예수님의 이같은 열정을 보고, 또 예수님이 성전을 "내 아버지의 집"이라 부르시는 것을 들으면서 시편 69편 9절을 떠올립니다. "제자들이 성경 말씀에 주의 전을 사모하는 열심이 나를 삼키리라 한 것을 기억하더라"(요 2:17).

이는 곧 제자들이 시편 69편의 다윗의 말과 행동을, 성전을 깨끗케 하실 때의 그리스도의 말과 행동에 대한 예시로 받아들였음을 뜻합니다.

둘, 동족에게 미움을 받으신 예수님의 말씀으로 묘사합니다.

다윗은 동족에게 미움을 받았습니다(시 69:8). 요한복음 15장 24-25절을 보면, 예수님도 유대 지도자들에게 미움을 받으셨습니다.

여기서 예수님은 "까닭 없이 나를 미워하는 자가 나의 머리털보다 많다"는 시편 69편 4절을 인용하시며 이를 하나님의 "율법"이라 칭하십니다. "내가 아무도 못한 일을 그들 중에서 하지 아니하였더라면 그들에게 죄가 없었으려니와 지금은 그들이 나와 내 아버지를 보았고 또 미워하였도다 그러나 이는 그들의 율법에 기록된 바 그들이 이유 없이 나를 미워하였다 한 말을 응하게 하려 함이라"(요 15:24-25).

예수님은 다윗이 겪은 일을 아셨습니다. 그리고 그것이 바로 자신이 겪을 일임을 내다보셨습니다. 예수님은 사실상 이렇게 말씀하시는 셈입니다. "다윗이 원수들의 미움을 받은 일은 곧 내가 겪을 일 그리고 내 안에서 성취되어야 할 일을 나타낸 것이다."

셋, 십자가에 달리신 예수님의 말씀으로 묘사합니다.

예수님은 십자가 위에서, 역사상 가장 중요한 그 순간에 시편 69편을 정확히 성취하시며 이 땅에서의 삶을 마감하십니다. 21절에서 다윗은 "그들이 쓸개를 나의 음식물로 주며 목마를 때에는 초를 마시게 하였사오니"라고 말합니다. 예수님은 이 시편 안에 확실히 거하셨습니다. 그리고 이 시편을 흡수하시고 그분의 존재의 일부로 삼으셨습니다. 아니라면 요한복음 19장 28-30절을 달리 어떻게 설명할 수 있겠습니까?

> "그 후에 예수께서 모든 일이 이미 이루어진 줄 아시고 성경을 응하게 하려 하사 이르시되 내가 목마르다 하시니 거기 신 포도주가 가득히 담긴 그릇이 있는지라 사람들이 신 포도주를 적신 해면을 우슬초에 매어 예수의 입에 대니 예수께서 신 포도주를 받으신 후에 이르시되 다 이루었다 하시고 머리를 숙이니 영혼이 떠나가시니라."

사도 요한에 따르면 예수님은 운명하시며 시편 69편을 성취하셨습니다. 한 시편에 대해 이보다 더 영광스러운 찬사가 어디 있겠습니까? 우리는 저주하는 내용의 시편을 문제시하는 경향이 있습니다. 그러나 바로 그 시편이 예수님이 그 안에 거하신 시편이었고, 또 그분을 십자가의 고난과 영광으로 인도한 시편이었습니다.

넷, 비방을 견디신 예수님의 말씀으로 묘사합니다.

우리는 로마서 15장에서 시편 69편을 예수님의 말씀으로 인용한 또 다른 예를 볼 수 있습니다. 여기서 바울은 그리스도인들에게, 믿음이 약한 자에게 인내하고 자기를 부인하고 겸손하게 다른 사람들을 영접하라고 권면합니다.

그런데 놀랍게도 이 대목에서 바울은 시편 69편 9절을 이렇게 언급합니다. "우리 각 사람이 이웃을 기쁘게 하되 선을 이루고 덕을 세우도록 할지니라 그리스도께서도 자기를 기쁘게 하지 아니하셨나니 기록된 바 주를 비방하는 자들의 비방이 내게 미쳤나이다 함과 같으니라"(롬 15:2-3).

바울은 다윗의 말이 그리스도 안에서 실현된 것을 보며, 그리스도께서 사람들의 비방을 기꺼이 견디셨음에 초점을 맞추었습니다.

지금까지 신약 성경이 시편 69편을 이해하는 두 가지 방식을 살펴보았습니다. 그 하나는 죄에 대한 심판입니다. 다윗의 저주는 '죄악된' 개인적 복수가 아닌 죄에 대한 하나님의 심판을 예언적으로 선언하고 이를 인정하는 것입니다. 다른 하나는 하나님의 기름 부음을 받은 자의 고난입니다. 하나님의 기름 부음을 받은 자는 하나님을 위해 고난을 견딥니다. 이 고난은 그분을 대적하는 자들이 회개하고 구원을 얻는 수단이 될 수도 있고, 그들이 완악하여 저주를 받았음을 확인하는 수단이 될 수도 있습니다.

시편 69편을 어떻게 이해할 것인가?

이제 한 걸음 물러나 이런 질문을 던져 봅시다. "그렇다면 오늘날 우리는 시편 69편을 읽으며 어떻게 생각하고 느껴야 할까?" 이에 대한 세 가지 답을 알아봅시다.

1. 하나님의 심판을 인정함

우리는 다윗이 성령의 감동으로 하는 말을 들어야 합니다. 다윗은 하나님의 기름 부음을 받은 자로서, 하나님의 영광을 위해 고난을 받고, 회개치 않는 원수들에게 심판이 임할 것을 선포합니다. 다윗은 하나님의 심판이 임할 것이며, 하나님의 심판은 옳을 뿐 아니라 바람직하고, 회개하지 않은 원수들에게는 마땅히 하나님의 심판이 있을 것을 분명히 합니다.

장차 하나님의 심판이 있을 것입니다. 그날 그리스도인들은 하나님이 옳음을 인정할 것입니다. 이것이 다윗이 이 시편을 통해 말하려는 것이며, 우리가 생각하고 느껴야 할 한 가지입니다.

2. 예수님의 사역을 예표함

우리는 시편 69편에 묘사된 다윗의 경험이 예수님의 사역을 예표한다고 알아야 합니다. 다윗이 주님의 기름 부음을 받은 자로서 겪은 일은, 후대에 예수님이 겪으시고 또 그분 자신의 고난과 죽음을 통해 보다 위대한 방식으로 성취하실 일입니다.

예수님의 고난은 구원하는 고난인 동시에 저주하는 고난이 될 것입니다. 예수님의 고난은 이를 영광으로 받아들이는 사람에게는 구원이 되지만, 마음이 완악한 자에게는 저주가 될 것입니다.

> "혹 네가 하나님의 인자하심이 너를 인도하여 회개하게 하심을 알지 못하여 그의 인자하심과 용납하심과 길이 참으심이 풍성함을 멸시하느냐 다만 네 고집과 회개하지 아니한 마음을 따라 진노의 날 곧 하나님의 의로우신 심판이 나타나는 그 날에 임할 진노를 네게 쌓는도다"(롬 2:4-5).

3. 용서의 동기를 얻음

그렇다면 우리는 시편 69편을 읽을 때 개인적으로 무엇을 어떻게 생각하고 느끼고 행동해야 할까요?

여기서 무엇보다 중요한 것은, 우리를 미워하는 사람들을 마음껏 저주해도 좋다는 식으로 이 시편을 이해해서는 안 된다는 것입니다. 사실 바울은 정반대로 생각했습니다. 그가 로마서 15장 3절에서 이 시편을 인용한 이유는, 복수심을 만족시키기보다 스스로를 부인하도록 우리를 권면하기 위해서입니다. "그리스도께서도 자기를 기쁘게 하지 아니하셨나니 기록된 바 주를 비방하는 자들의 비방이 내게 미쳤나이다 함과 같으니라." 다시 말해, 인내하고 용서하십시오.

우리가 용서와 자비를 실천하기 원합니다. 이는 시편 69편에 나온 분노와 징벌과 심판이 사라졌다는 뜻이 아닙니다. 심판은 있습니다. 다만 우리의 소관이 아닐 뿐입니다. 하나님이 심판하실 것입니다. 그리고 이 사실은 불의한 사람들로 인해 고통을 받으면서도 우리가 예수님을 따를 근거가 됩니다.

"내 사랑하는 자들아 너희가 친히 원수를 갚지 말고 하나님의 진노하심에 맡기라 기록되었으되 원수 갚는 것이 내게 있으니 내가 갚으리라고 주께서 말씀하시니라 네 원수가 주리거든 먹이고 목마르거든 마시게 하라 그리함으로 네가 숯불을 그 머리에 쌓아 놓으리라"(롬 12:19-20).

숯불에는 두 가지 의미가 있습니다. 회개가 있는 곳에서는 속죄와 정화를 뜻합니다. 회개가 없는 곳에서는 벌을 뜻합니다. 이 우주에서 죄를 짓고도 무사히 빠져나갈 사람은 아무도 없습니다. 모든 죄에는 그에 마땅한 대가가 따릅니다. 회개한 자들은 그리스도의 십자가에서 대가를 치르고, 회개하지 않은 자들은 지옥에서 대가를 치를 것입니다.

하나님이 결정하시고, 우리는 그 결정이 옳다고 인정할 것입니다. 그러나 심판의 날이 오기까지 우리는 기름 부음을 받은 왕의 이 말씀을 따라야 합니다.

"너희 원수를 사랑하며 너희를 미워하는 자를 선대하며 너희를 저주하는 자를 위하여 축복하며 너희를 모욕하는 자를 위하여 기도하라…… 그리하면 너희 상이 클 것이요 또 지극히 높으신 이의 아들이 되리니"(눅 6:27-28, 35).

◆ 시편을 쓰며 마음을 채우다

¹ 하나님이여 나를 구원하소서 물들이 내 영혼에까지 흘러 들어왔나이다 ² 나는 설 곳이 없는 깊은 수렁에 빠지며 깊은 물에 들어가니 큰 물이 내게 넘치나이다 ³ 내가 부르짖음으로 피곤하여 나의 목이 마르며 나의 하나님을 바라서 나의 눈이 쇠하였나이다

⁴ 까닭 없이 나를 미워하는 자가 나의 머리털보다 많고 부당하게 나의 원수가 되어 나를 끊으려 하는 자가 강하였으니 내가 빼앗지 아니한 것도 물어 주게 되었나이다 ⁵ 하나님이여 주는 나의 우매함을 아시오니 나의 죄가 주 앞에서 숨김이 없나이다

6 주 만군의 여호와여 주를 바라는 자들이 나를 인하여 수치를 당하게 하지 마옵소서 이스라엘의 하나님이여 주를 찾는 자가 나로 말미암아 욕을 당하게 하지 마옵소서 7 내가 주를 위하여 비방을 받았사오니 수치가 나의 얼굴에 덮였나이다 8 내가 나의 형제에게는 객이 되고 나의 어머니의 자녀에게는 낯선 사람이 되었나이다

⁹ 주의 집을 위하는 열성이 나를 삼키고 주를 비방하는 비방이 내게 미쳤나이다 ¹⁰ 내가 곡하고 금식하였더니 그것이 도리어 나의 욕이 되었으며 ¹¹ 내가 굵은 베로 내 옷을 삼았더니 내가 그들의 말거리가 되었나이다 ¹² 성문에 앉은 자가 나를 비난하며 독주에 취한 무리가 나를 두고 노래하나이다

¹³ 여호와여 나를 반기시는 때에 내가 주께 기도하오니 하나님이여 많은 인자와 구원의 진리로 내게 응답하소서 ¹⁴ 나를 수렁에서 건지사 빠지지 말게 하시고 나를 미워하는 자에게서와 깊은 물에서 건지소서 ¹⁵ 큰 물이 나를 휩쓸거나 깊음이 나를 삼키지 못하게 하시며 웅덩이가 내 위에 덮쳐 그것의 입을 닫지 못하게 하소서 ¹⁶ 여호와여 주의 인자하심이 선하시오니 내게 응답하시며 주의 많은 긍휼에 따라 내게로 돌이키소서

¹⁷ 주의 얼굴을 주의 종에게서 숨기지 마소서 내가 환난 중에 있사오니 속히 내게 응답하소서 ¹⁸ 내 영혼에게 가까이하사 구원하시며 내 원수로 말미암아 나를 속량하소서 ¹⁹ 주께서 나의 비방과 수치와 능욕을 아시나이다 나의 대적자들이 다 주님 앞에 있나이다 ²⁰ 비방이 나의 마음을 상하게 하여 근심이 충만하니 불쌍히 여길 자를 바라나 없고 긍휼히 여길 자를 바라나 찾지 못하였나이다

²¹ 그들이 쓸개를 나의 음식물로 주며 목마를 때에는 초를 마시게 하였사오니 ²² 그들의 밥상이 올무가 되게 하시며 그들의 평안이 덫이 되게 하소서 ²³ 그들의 눈이 어두워 보지 못하게 하시며 그들의 허리가 항상 떨리게 하소서 ²⁴ 주의 분노를 그들의 위에 부으시며 주의 맹렬하신 노가 그들에게 미치게 하소서

²⁵ 그들의 거처가 황폐하게 하시며 그들의 장막에 사는 자가 없게 하소서 ²⁶ 무릇 그들이 주께서 치신 자를 핍박하며 주께서 상하게 하신 자의 슬픔을 말하였사오니 ²⁷ 그들의 죄악에 죄악을 더하사 주의 공의에 들어오지 못하게 하소서 ²⁸ 그들을 생명책에서 지우사 의인들과 함께 기록되지 말게 하소서

²⁹ 오직 나는 가난하고 슬프오니 하나님이여 주의 구원으로 나를 높이소서 ³⁰ 내가 노래로 하나님의 이름을 찬송하며 감사함으로 하나님을 위대하시다 하리니 ³¹ 이것이 소 곧 뿔과 굽이 있는 황소를 드림보다 여호와를 더욱 기쁘시게 함이 될 것이라 ³² 곤고한 자가 이를 보고 기뻐하나니 하나님을 찾는 너희들아 너희 마음을 소생하게 할지어다

33 여호와는 궁핍한 자의 소리를 들으시며 자기로 말미암아 갇힌 자를 멸시하지 아니하시나니 34 천지가 그를 찬송할 것이요 바다와 그 중의 모든 생물도 그리할지로다 35 하나님이 시온을 구원하시고 유다 성읍들을 건설하시리니 무리가 거기에 살며 소유를 삼으리로다 36 그의 종들의 후손이 또한 이를 상속하고 그의 이름을 사랑하는 자가 그 중에 살리로다

◈ 묵상 노트

자신의 표현으로 다시 고백하는 시편 69편

우리가 노래하지 않으면, 온 땅의 구세주이시자 심판자이신 하나님을 찬양하자고 열방에게 권할 수 없습니다. 우리의 목표는 단지 믿음이나 행동의 변화에 있지 않습니다. 마음을 다하고 목숨을 다하여 하나님을 기뻐하는 것, 그 기쁨이 노래로 흘러나올 만큼 기뻐하는 것에 있습니다.

6장

새로운 마음에 **시편 96편**을 채우다

"그의 영광을 백성들 가운데에 선포할지어다"

시편 96편

새 노래로 여호와께 노래하라
온 땅이여 여호와께 노래할지어다

여호와께 노래하여 그의 이름을 송축하며
그의 구원을 날마다 전파할지어다

그의 영광을 백성들 가운데에,
그의 기이한 행적을 만민 가운데에 선포할지어다

여호와는 위대하시니 지극히 찬양할 것이요
모든 신들보다 경외할 것임이여

만국의 모든 신들은 우상들이지만
여호와께서는 하늘을 지으셨음이로다

GOODTV 개역개정 성경
시편 96편 오디오클립으로 연결됩니다.

존귀와 위엄이 그의 앞에 있으며
능력과 아름다움이 그의 성소에 있도다

만국의 족속들아 영광과 권능을
여호와께 돌릴지어다 여호와께 돌릴지어다

여호와의 이름에 합당한 영광을
그에게 돌릴지어다
예물을 들고 그의 궁정에 들어갈지어다

아름답고 거룩한 것으로 여호와께 예배할지어다
온 땅이여 그 앞에서 떨지어다

모든 나라 가운데서 이르기를
여호와께서 다스리시니

세계가 굳게 서고 흔들리지 않으리라
그가 만민을 공평하게 심판하시리라 할지로다

하늘은 기뻐하고 땅은 즐거워하며
바다와 거기에 충만한 것이 외치고

밭과 그 가운데에 있는 모든 것은 즐거워할지로다
그 때 숲의 모든 나무들이
여호와 앞에서 즐거이 노래하리니

그가 임하시되 땅을 심판하러 임하실 것임이라
그가 의로 세계를 심판하시며
그의 진실하심으로 백성을 심판하시리로다

Shaped by God

지금까지 우리는 시편이 하나님의 말씀이며, 노래이고, 따라서 우리의 '생각과 감정'을 빚도록 지어졌다는 것을 알아보았습니다.

　2장에서는 시편 42편을 통해 영적 침체와 '잘 낙심하는 법'을 살펴보았고, 3장에서는 시편 51편을 통해 죄와 후회로 상한 심령을, 그리고 '잘 상심하는 법'을 살펴보았습니다. 이 같은 낙심과 후회에서 벗어나, 4장에서는 시편 103편을 통해 특히 부모에게 있어 주님께 지속적으로 '감사하고 송축하는 것'이 얼마나 중요한지 알아보았습니다. 그리고 5장에서는 시편 69편을 통해 '억압과 학대와 불의를 올바로 견디는 법'을 배웠습니다.

　영적 침체와 낙심한 마음을 처리하는 법, 죄와 후회로 상한 심령을 다루는 법, 우리를 대적하는 사람들에게 반응하는 법, 그리고 항상 모든 방법으로 하나님을 송축하는 법을 알게 된 지금, 그 밖에 우리가 더 알아야 할 것은 무엇일까요? 시편이 최종적으로 우리를 데려가려는 곳은 어디일까요?

시편은 모든 지점에서 만민 가운데 높임을 받으신 예수 그리스도께로 우리를 인도합니다. 시편의 어떤 부분도, 아니 성경의 어떤 부분도 예수 그리스도 없이는 완전하지 않습니다. 이 책도 마찬가지입니다. 그러기에 이 책의 마지막 장인 6장에서 우리는 시편 96편의 기자와 더불어 우리의 창조주이자 구세주이자 심판자이신 하나님께 영광과 찬양을 올려드리려 합니다.

시편은 궁극적으로 우리를 땅끝까지 데려갑니다. 구세주가 다시 오셔서 열방을 다스리기까지 우리의 입술에는 찬송이 떠나지 않을 것입니다.

하나님의 영광을 위한 음악과 선교

하나님의 영광을 위한 노래와 열방 혹은 음악과 선교, 저는 이런 것들이 시편 96편에서 두드러져 보입니다. 우리는 열방과 노래와 오실 왕의 영광에 대해 하나님과 더불어 어떻게 생각하고 느껴야 할까요? 이것들은 이 시편에서, 그리고 다가올 시대에 서로 어떤 관련을 맺고 있을까요? 그리고 예수님과는 어떤 관련이 있을까요?

하나님은 이 책을 읽는 우리와 우리의 민족만을 위해 그분의 길을 알리거나 그분의 영광을 드러내거나 그분의 기이한 행적을 보이신 것이 아닙니다. 하나님은 '열방'을 염두에 두고 그렇게 하셨습니다.

여기서 열방이란, 정치 체제로서의 국가가 아니라 이 시편이 "백성들"이라고 일컫는 사람들을 말합니다. 그들이 한국 사람이든 쿠르드 사람이나 소말리아 사람이든 아니면 아일랜드 사람이나 이탈리아 사람이든 상관없이 말입니다.

이제 시편 96편에서 열방에 초점이 맞춰진 부분들을 따라가 보겠습니다. 시편 기자는 열방을 위해 하나님의 백성들이 적어도 세 가지를 해야 한다고 말합니다. 첫째는 하나님을 '선포'하는 것, 둘째는 이 일에 함께하자고 '권유'하는 것, 그리고 셋째는 그렇게 하지 않을 경우에 있을 심판에 대해 '경고'하는 것입니다.

1. 하나님의 영광을 선포하라

우리는 먼저 하나님의 영광과 행적과 구원에 관한 진리를 열방에 선포해야 합니다. "여호와께 노래하여 그의 이름을 송축하며 그의 구원을 날마다 전파할지어다 그의 영광을 백성들 가운데에, 그의 기이한 행적을 만민 가운데에 선포할지어다"(2-3절).

우리는 하나님의 구원을 말하고, 그분의 영광을 선포하고, 그분의 기이한 행적을 알려야 합니다. 이를 "백성들 가운데에" 행하십시오. "만민 가운데에" 행하십시오. 모든 사람들 가운데 행하고 한 사람도 빠뜨리지 마십시오. 그런 다음, 하나님이 열방을 다스리심을 선포하십시오. "모든 나라 가운데서 이르기를 여호와께서 다스리시니"(10절).

2. 이 일에 함께하도록 권하라

우리는 열방에게 하나님께 영광 돌리고 그분을 찬양하자고 권해야 합니다. "만국의 족속들아 영광과 권능을 여호와께 돌릴지어다 여호와께 돌릴지어다"(7절). "새 노래로 여호와께 노래하라 온 땅이여 여호와께 노래할지어다"(1절).

하나님의 위대하심과 그분의 영광에 관한 사실을 말할 뿐 아니라 함께 하나님을 찬양하자고 온 땅에 권하십시오. 하나님께 돌이키라고 온 땅에 촉구하십시오. 모든 나라는 이스라엘의 유일하신 참 하나님, 곧 메시아이신 예수님의 아버지로 알고 있는 그분께 절해야 합니다.

3. 심판에 대해 경고하라

우리는 하나님의 영광을 열방에 선포하고 함께 그분께 영광을 돌리자고 권하는 데서 그치는 것이 아니라, 그 이유를 열방에 알려 주어야 합니다. 우상을 의지한다면 열방에 심판이 임한다고 알려 주어야 합니다.

5절은 "만국의 모든 신들은 우상들이지만 여호와께서는 하늘을 지으셨음이로다"라고 말합니다. 10절은 "모든 나라 가운데서 이르기를 여호와께서 다스리시니 세계가 굳게 서고 흔들리지 않으리라 그가 만민을 공평하게 심판하시리라 할지로다"라고 말합니다. 그리고 13절은 "그가 임하시되 땅을 심판하러 임하실 것임이라 그가 의로 세계를 심판하시며 그의 진실하심으로 백성을 심판하시리로다"라고 말합니다.

다시 말해 시편 기자가 여기서 "'온' 땅이여 여호와께 노래할지어다"(1절)라고 말할 때, "그의 기이한 행적을 '만민' 가운데에 선포할지어다"(3절)라고 말할 때, "'모든' 신들보다 경외할 것임이여"(4절)라고 말할 때, "'온' 땅이여 그 앞에서 떨지어다"(9절)라고 말할 때, 그리고 "만국의 '모든' 신들은 우상들"(5절)이라고 말할 때, 그는 정말로 모든 사람과 모든 신을 의미한 것입니다.

시편의 하나님은 모든 사람들, 곧 상상할 수 없을 만큼 다양한 문화와 종교에 속한 모든 사람들의 충성을 요구하십니다.

선교, 열방을 향한 영광스러운 부르심

시편 96편은 어떤 나라도, 어떤 사람도, 어떤 가족도 빠뜨려서는 안 된다고 말합니다. 모든 사람은 그들이 섬기는 다른 모든 신을 떠나 살아계시는 참 하나님께 돌이켜야 합니다. 다문화주의를 핑계 삼을 수 없습니다. 다른 종교를 믿는 사람들을 회개하게 하고, 살아계신 참 하나님께 영광을 돌리게 하는 사랑의 사역에 동참하기를 주저하지 마십시오.

"그러므로 내가 열방 중에서 주께 감사하고 주의 이름을 찬송하리로다 함과 같으니라 또 이르되 열방들아 주의 백성과 함께 즐거워하라 하였으며 또 모든 열방들아 주를 찬양하며 모든 백성들아 그를 찬송하라 하였으며 또 이사야가 이르되 이새의 뿌리 곧 열방을 다스리기 위하여 일어나시는 이가 있으리니 열방이 그에게 소망을 두리라 하였느니라"(롬 15:9-12).

이 구절에는 시편과 신명기, 이사야서가 인용되어 있습니다. 사도 바울은 이 인용구들을 차례로 쌓아올려 예수님이 '열방을 위한' 메시아로 오셨음을 뒷받침합니다. 이는 바로 앞 구절에서 분명하게 나타납니다. "내가 말하노니 그리스도께서 하나님의 진실하심을 위하여 할례의 추종자가 되셨으니 이는 조상들에게 주신 약속들을 견고하게 하시고 이방인들(열방)도 그 긍휼하심으로 말미암아 하나님께 영광을 돌리게 하려 하심이라 기록된 바……"(롬 15:8-9).

그리고 이어서 하나님의 자비를, 죄인들을 위해 십자가에서 죽으심으로 우리 같은 이방 죄인들에게까지 그 자비가 미치게 하신 예수 그리스도를 찬양하자고 열방을 부르는 구약의 약속들이 나옵니다.

구약과 신약은 모두 이렇게 열방과 만민을 강조합니다. 그렇다면 우리는 여기서 무엇을 느껴야 할까요? 어떤 부담을 느껴야 할까요? 혹은 불편한 마음이 드시나요? 그러나 이들 말씀은 모두 우리로 기뻐 뛰어오르게 하시려는 하나님의 격려입니다! 그리고 이 격려는 모든 선교사, 곧 하나님이시자 인간이신 예수 그리스도 안에 온전히 계시된 유일하신 참 하나님을 믿는 우리 모두를 위한 것입니다.

시편 96편 1절을 보십시오. 열방을 향한 선교에의 열망이 찬송으로부터 흘러나와 다시 찬송하게 합니다. "새 노래로 여호와께 노래하라 온 땅이여 여호와께 노래할지어다." 이는 노래를 통한 선교, 참으로 유쾌한 선교입니다. 우리가 응원하는 축구팀이 다른 팀을 이겼을 때 우리의 기분이 아마 이럴 것입니다. 아니, 그보다 수천 배 더 기쁠 것입니다.

3절을 봅시다. "그의 영광을 백성들 가운데에, 그의 기이한 행적을 만민 가운데에 선포할지어다." 우리는 지금 "영광"에 대해 말하고 있습니다. 일상적인 일이 아닌 기이한 행적에 대해 말입니다. 우리는 하나님이 다른 모든 위대한 존재보다 더 위대하심을 맛보아 압니다. "여호와는 위대하시니 지극히 찬양할 것이요 모든 신들보다 경외할 것임이여"(4절). 우리는 하나님을 알고 그분께 찬양을 드리는 것이 너무나 기뻐서 온 세상 '모든' 사람에게 함께 찬양하자고 권합니다.

가장 위대한 대의

마음으로부터 "예수님은 주님이시다."라고 고백할 수 있다면 당신은 이 일을 위해 지음 받은 사람입니다. 예수님을 우주의 주님으로 고백할 때 당신은 지금까지 당신이 꿈꾸어 온 모든 것보다 더 중요하고 의미 있는 임무를 수행하기로 서명한 것입니다.

당신이 사업가이든 가정주부이든 학생이든, 예수님께 속한다는 것은 열방을 마음에 품어야 한다는 뜻입니다. 예수님이 그들을 위하여 죽으셨고 장차 다스리실 열방을 마음에 말입니다. 당신의 마음은 이 일을 위해 지음 받았습니다. 당신이 복음 전파의 사명을 마음에 품기까지 당신의 영혼은 항상 어느 정도의 안타까움을 느낄 것입니다.

다음은 평신도선교운동기구(Laymen's Missionary Movement, 세계 선교를 위해 미국 대학생들이 자발적으로 모여 만든 단체인 학생자원운동[Student Volunteer Movement]의 영향을 받아 사업가들이 모여 이를 후원하기 위해 만든 기구—편집자주)의 초대 총무인 J. 캠벨 화이트(J. Campbell White)의 말입니다.

사람들 대부분은 자기 삶에 만족하지 못합니다. 세상을 향한 그리스도의 마음을 품는 것 외에 그리스도의 제자들 안에 있는 그리스도의 생명을 전적으로 만족시킬 수 있는 것은 아무것도 없기 때문입니다. 하나님의 영원한 계획을 이루는 일에 함께하는 데서 오는 무한하고 영속적인 기쁨에 비하면 세상 즐거움과 명

예, 부 따위는 껍데기나 재에 지나지 않습니다. 그리스도께서 하시는 일에 자신의 모든 것을 쏟아붓는 사람은 인생에서 가장 감미롭고 귀한 상을 받을 것입니다.[6]

그렇다면 우리는 예수 그리스도께서 열방 중에 영광 받으시도록 하는 일을 생각할 때 무엇을 느껴야 할까요? 바로 이 대의야말로 우리의 삶을 더없이 의미 있게 해 주는 일임을 느껴야 합니다. 다른 중요한 것들이 많지만, 이것이 가장 위대한 대의입니다. 주의 주이자 왕의 왕이신 예수 그리스도를 일관되게 따르는 모든 사람은 이 대의를 품어야 합니다. 모든 건강한 그리스도인은 이 위대한 대의를 따르는 데서 자기 존재가 완성됨을 깨닫습니다.

대의를 위하여

그렇다면 오늘날 열방의 상황은 어떻습니까? 하나님이 '열방에서' 그분의 백성을 모으시고 '열방으로' 그분의 교회를 보내시는 일에 놀라운 변화가 일어나고 있습니다. 유럽과 미국

---

6) J. Campbell White, "The Laymen's Missionary Movement," in *Perspectives on the World Christian Movement*, ed. Ralph D. Winter and Steven C. Hawthorne (Pasadena, California: William Carey Library, 1981), 225.

은 이제 전 세계 기독교의 무게 중심이 아닙니다. 남쪽과 서쪽으로 중심이 옮겨가는 중입니다. 라틴 아메리카와 아프리카, 아시아가 괄목할 만한 성장을 경험하고 있으며, 이제 그들이 보내는 교회가 되고 있습니다.[7]

여호수아 프로젝트(Joshua Project)나 피플 그룹(People Groups) 같은 단체들은 '열방'이 누구이며, 그들 가운데 복음이 얼마나 전파되었는지 보여 줍니다. 이 글을 쓰는 현재, 여호수아 프로젝트에 의하면 복음이 전파되지 않았거나 최소한으로 전파된 그룹은 7,840개입니다. 이들은 복음을 접한 사람의 수가 전체 인구의 2퍼센트가 되지 않는 그룹으로, 전 세계 인구의 45.3퍼센트에 달합니다.

이 조사를 통해 우리가 앞에 놓인 과제를 이해할 수 있도록 지금도 헌신하고 있는 사람들로 인해 하나님께 감사드립니다. 이들 단체의 웹사이트를 방문해 전 세계 선교 현황을 살펴보십시오. 그리고 하나님의 영광을 열방 가운데 선포하고 그분의 기이한 행적을 만민 가운데 알리는 일에 보다 깊이 관여하는 삶을 꿈꾸십시오.

---

[7] 예를 들어 필립 젠킨스의 책 『신의 미래』, 김신권, 최요한 역 (서울: 도마의길, 2009) ; Philip Jenkins, *The Next Christendom*과 *The New Faces of Christianity*를 보라.

그렇다면 우리는 열방에 대해 어떻게 느껴야 합니까? 우리는 열방의 구원을 향한 열정을 지녀야 합니다. 하나님이 그들을 다스리시며, 그들에게 복음을 전하도록 우리를 부르시는 것을 기뻐하십시오. 열방이 하나님을 찬양하고 그분의 아들에게 영광을 돌리는 것에 감격해야 합니다.

우리는 이런 기쁨을 누리도록 지음 받았습니다. 시편의 다른 모든 기쁨과 다른 모든 감정들은 우리를 이곳으로 인도합니다. 바로 세상 만민이 기뻐 노래하는 하나님의 영광으로 말입니다!

음악 : 노래로 흘러나오는 열방을 향한 기쁨

시편 96편 1-2절을 다시 봅시다. 열방이 강조되는 대목마다 깃발이 나부낍니다. 그 내용은 온통 노래에 관한 것입니다. "새 노래로 여호와께 노래하라 온 땅이여 여호와께 노래할지어다 여호와께 노래하여 그의 이름을 송축하며 그의 구원을 날마다 전파할지어다."

하나님 나라와 하나님의 구원을 날마다 전파하는 일(2절), 하나님의 영광을 백성들 가운데 선포해야 할 의무(3절)를 말하는 시편 96편을, 주께 노래하라는 명령으로 시작한 이유는 무엇일까요?

답은 간단합니다. '우리'가 노래하지 않으면 열방에게 노래하기를 권할 수 없기 때문입니다. 우리는 온 땅의 구세주이시자 심판자이신 하나님을 찬양하자고 열방을 부르는 중입니다. 우리의 목표는 단지 믿음이나 행동의 변화에 있지 않습니다. 마음을 다하고 목숨을 다하고 뜻을 다하여 하나님을 기뻐하는 것에, 그 기쁨이 노래로 흘러나올 만큼 기뻐하는 것에 우리의 목표가 있습니다. "온 백성은 기쁘고 즐겁게 노래할지니"(시 67:4).

우리 시대의 새 노래

하지만 왜 '새 노래'입니까? 우리는 여기서 새 노래가 '주님에 대한' 것만이 아니라 '주님께' 드리는 것임을 주목해야 합니다. "새 노래로 여호와께 노래하라 온 땅이여 여호와께 노래할지어다"(1절). 주님에 대해 노래하는 것이 잘못되었다는 뜻이 아닙니다. 시편은 항상 주님에 대해 노래합니다. 그러나 '주님께' 새 노래가 만들어지고 불릴 때 교회에 무언가가 일어납니다. 그것은 일상적이지 않은 특별한 삶과 활력의 표지입니다.

사람들은 이전 세대의 영적 자본을 힘입어 살 뿐 아니라 살아계신 하나님과 교제하며 기쁨으로 그분께 노래합니다. "살아계신 하나님!" "인격적이신 하나님!" "자신을 알리신 하나님!" "존귀하신 하나님!" "지금 여기 계시는 하나님!" 그리고 이 노래들이 아름답고 성경적이고 감동적일 때 예배가 종종 보다 더 강렬해지고 보다 깊이 와 닿습니다.

이것이 바로 시편이 큰 소리로 외치는 것입니다. 그리고 저의 전 생애에 걸쳐 일어난 일입니다. 세상 곳곳에 주님께 부르는 새 노래가 있습니다. 그곳에 새로운 활력이 있고 주님과의 새로운 사귐이 있습니다. 그리고 놀라운 것은 선교 단체를 포함한 전 세계가 주님께 새 노래를 부르는 일의 중요성을 자각했다는 사실입니다.

제가 알기로 오늘날보다 더 찬송이 선교의 최전선에 있었던 적은 없었습니다. 하나님은 시편 96편을 성취하심에 있어 무언가 놀라운 일을 하시는 중입니다. 이는 어떤 한 교파나 한 선교 단체, 한 민족 또는 어떤 한 지역보다 커다란 무엇입니다. 전 세계 교회가 노래하고 있습니다. 주님께 노래하고 있습니다. 새로운 노래를, 하나님이 열방의 주 되심을 노래하고 있습니다.

우리 노래의 중심

시편 96편은 우리를 부릅니다. 모든 사람의 기쁨을 위해 모든 일에 있어 하나님께 영광을 돌리려는 우리의 열정을 전파하라고 말입니다. 노래를 통해 하나님께 영광 돌리기를 모든 사람에게 권하자고 말입니다. 이는 세상에서 가장 어렵고도 즐거운 일입니다. 그러므로 이 책을 마무리하며 저는 단순히 이렇게 말하고 싶습니다.

하나님이 하시는 일을 놓치지 말고, 그 일에 동참하십시오!

열방을 마음에 품으십시오!

세상을 향한 하나님의 뜻을 생각하십시오!

하나님의 기이한 행적을 깊이 느끼십시오!

온 마음으로 주님께 노래하십시오!

열방에 복음을 전하는 일에 동참하십시오!

바라건대 우리 노래의 중심이, 다가오는 시대에 우리가 부를 새 노래의 중심과 같기를, 즉 죽임을 당하신 어린양의 노래가 되기를!

"그들이 새 노래를 불러 이르되 두루마리를 가지시고 그 인봉을 떼기에 합당하시도다 일찍이 죽임을 당하사 각 족속과 방언과 백성과 나라 가운데에서 사람들을 피로 사서 하나님께 드리시고 그들로 우리 하나님 앞에서 나라와 제사장들을 삼으셨으니 그들이 땅에서 왕 노릇 하리로다 하더라"(계 5:9-10).

◈ 시편을 쓰며 마음에 채우다

1 새 노래로 여호와께 노래하라 온 땅이여 여호와께 노래할지어다 2 여호와께 노래하여 그의 이름을 송축하며 그의 구원을 날마다 전파할지어다 3 그의 영광을 백성들 가운데에, 그의 기이한 행적을 만민 가운데에 선포할지어다

⁴ 여호와는 위대하시니 지극히 찬양할 것이요 모든 신들보다 경외할 것임이여 ⁵ 만국의 모든 신들은 우상들이지만 여호와께서는 하늘을 지으셨음이로다 ⁶ 존귀와 위엄이 그의 앞에 있으며 능력과 아름다움이 그의 성소에 있도다 ⁷ 만국의 족속들아 영광과 권능을 여호와께 돌릴지어다 여호와께 돌릴지어다

8 여호와의 이름에 합당한 영광을 그에게 돌릴지어다 예물을 들고 그의 궁정에 들어갈지어다 9 아름답고 거룩한 것으로 여호와께 예배할지어다 온 땅이여 그 앞에서 떨지어다 10 모든 나라 가운데서 이르기를 여호와께서 다스리시니 세계가 굳게 서고 흔들리지 않으리라 그가 만민을 공평하게 심판하시리라 할지로다

¹¹ 하늘은 기뻐하고 땅은 즐거워하며 바다와 거기에 충만한 것이 외치고 ¹² 밭과 그 가운데에 있는 모든 것은 즐거워할지로다 그 때 숲의 모든 나무들이 여호와 앞에서 즐거이 노래하리니 ¹³ 그가 임하시되 땅을 심판하러 임하실 것임이라 그가 의로 세계를 심판하시며 그의 진실하심으로 백성을 심판하시리로다

◆ 묵상 노트

자신의 표현으로 다시 고백하는 시편 96편

초대

하나님은 우리의 마음을 원하십니다

성경에 시편이 없다면 어땠을까요? 아마도 지금과는 다른 책이 되었을 겁니다. 또 교회는 얼마나 다른 곳이 되었을지요. 그리고 저는 얼마나 다른 사람이 되었을까요!

물론 성경의 다른 책들이 진리를 가르치지 않는다거나 정서를 일깨우지 않는다는 뜻이 아닙니다. 저는 성경의 모든 책에서 진리를 배우고 많은 것을 느낍니다. 그러나 시편이 있는 것과 없는 것은 하늘과 땅 차이입니다. 시편은 감정을 일깨울 뿐 아니라 감정을 표현합니다. 감정 표현을 무엇보다 앞세우지요. 시편은 하나님의 진리를 토대로 시편 기자의 정서적 경험을 묘사합니다. 계시된 진리에 대한 마음의 반응을 이끌어낼 뿐 아니라, 그 감정들을 펼쳐 보입니다.

시편은 강력할 뿐 아니라 전염성이 있습니다. 시편에서 우리는 심오한 사상과 감정 표현을 듣기만 하는 것이 아니라, 그 흐름 안에 거합니다. 우리는 그 흐름 안에서 하나님의 지혜를 따르고 놀라운 경건의 길에 서며, 기쁨 넘치는 찬양의 자리에 앉습니다.

우리는 눈물로 베개를 적십니다. 고통과 수치와 후회와 비탄과 분노와 낙심과 혼란을 느낍니다. 그러나 우리의 이 모든 감정은 세상의 슬픔과는 확연히 구별됩니다. 그러니까 우리는 이 모든 감정을 절대 주권자이신 하나님과 관련하여 경험합니다. 여기에는 만유를 다스리시는 하나님을 거부하는 마음에서 비롯된 것이 하나도 없습니다.

"'주'의 폭포 소리에 깊은 바다가 서로 부르며 주의 모든 파도와 물결이 나를 휩쓸었나이다"(시 42:7). "'주'께서 나의 날을 한 뼘 길이만큼 되게 하시매"(시 39:5). "'주'께서 우리를 잡아먹힐 양처럼 그들에게 넘겨 주시고 여러 민족 중에 우리를 흩으셨나이다"(시 44:11). "'주'께서 주의 백성에게 어려움을 보이시고"(시 60:3). "여호와여 '주'께서 나를 살펴 보셨으므로 나를 아시나이다"(시 139:1).

모든 것의 배후에 하나님이 계십니다.

이것이 성경의 시편이 세상의 시와 다른 점입니다. 시편 기자들에게 하나님은 바위처럼 굳건하고 흔들림이 없으며 부인할 수 없고 전능한 실재입니다. 시편 기자들의 정서적 경험은 하나님이나 하나님의 능력, 하나님의 지혜를 부인함으로써가 아니라 있는 그대로의 하나님, 즉 절대 주권자이신 하나님을 받아들임으로써 의미를 얻습니다. "여호와께서 그가 기뻐하시는 모든 일을 천지와 바다와 모든 깊은 데서 다 행하셨도다"(시 135:6). "오직 우리 하나님은 하늘에 계셔서 원하시는 모든 것을 행하셨나이다"(시 115:3).

시편 기자들은 결코 그들에게 닥친 고난으로 인해 하나님을 등지거나 거부하지 않습니다. 어리석은 자는 그의 마음에 이르기를 하나님이 없다 하지만(시 14:1), 시편 기자들은 그렇게 생각하지 않습니다. 슬픔 때문에 하나님을 멀리하는 일은 상상조차 할 수 없는 일입니다. 그렇다면 그들은 고난과 슬픔을 피해 어디로 가겠습니까? "내가 하늘에 올라갈지라도 거기 계시며 스올에 내 자리를 펼지라도 거기 계시니이다"(시 139:8).

하나님이 하나님이시라면, 모든 정서 생활은 그분의 임재 안에서 이루어집니다. 하나님은 우리의 감정을 이해하십니다. 그렇지 않다면 우리의 감정은 아무 의미가 없습니다.

그러나 단지 하나님의 전능하심 때문에 시편 기자들이 하나님을 등지지 않는 것은 아닙니다. 시편 기자들은 하나님의 선하심과 신실하심을 경험을 통해 압니다. 하나님을 신뢰하면 하나님이 그들을 위해 행하시리라는 것을 그들은 알고 있습니다(시 37:5). 그들은 이 사실을 거듭 증언합니다.

"여호와 나의 하나님이여 주께서 행하신 기적이 많고 우리를 향하신 주의 생각도 많아 누구도 주와 견줄 수가 없나이다"(시 40:5).

"주께서 나를 끌어내사 내 원수로 하여금 나로 말미암아 기뻐하지 못하게 하심이니이다"(시 30:1).

"주께서 주의 구원하는 방패를 내게 주시며"(시 18:35).

"곤란 중에 나를 너그럽게 하셨사오니"(시 4:1).

"나를 고치셨나이다"(시 30:2).

"주는 벌써부터 고아를 도우시는 이시니이다"(시 10:14).

"주께서 나의 의와 송사를 변호하셨으며"(시 9:4).

"주께서 나의 슬픔이 변하여 내게 춤이 되게 하시며"(시 30:11).

"주께서 내 마음에 두신 기쁨은 그들의 곡식과 새 포도주가 풍성할 때보다 더하니이다"(시 4:7).

하나님은 크나큰 자비와 지혜로 우리에게 시편을 주셨습니다. 그분은 시편을 성경 한가운데 두셨습니다. 이는 결코 우연이 아닙니다. 마음은 우리 정서 생활의 중심입니다. 그리고 하나님의 마음의 책이 성경의 중심에 있습니다. 이 얼마나 찾기 쉽습니까!

이것은 초대입니다. 하나님은 우리의 마음을 원하십니다. 하나님은 우리의 마음을 받으실 것입니다. 그리고 치유의 강이 흐르는 시편으로 우리의 마음을 빚으실 것입니다.

하나님의 초대를 받아들이십시오. 하나님은 그 입구에서 이렇게 약속하십니다. "이곳으로 들어오라. 여기 머물며 묵상하며 네 기쁨을 발견하라." 당신은 시냇가에 심은 나무처럼 될 것입니다.

"그는 시냇가에 심은 나무가 철을 따라 열매를 맺으며 그 잎사귀가 마르지 아니함 같으니 그가 하는 모든 일이 다 형통하리로다"(시 1:3).

사명선언문

너희가 흠이 없고 순전하여……세상에서 그들 가운데 빛들로
나타내며 생명의 말씀을 밝혀 _ 빌 2:15-16

1. 생명을 담겠습니다
만드는 책에 주님 주신 생명을 담겠습니다.
그 책으로 복음을 선포하겠습니다.

2. 말씀을 밝히겠습니다
생명의 근본은 말씀입니다.
말씀을 밝혀 성도와 교회의 성장을 돕겠습니다.

3. 빛이 되겠습니다
시대와 영혼의 어두움을 밝혀 주님 앞으로 이끄는
빛이 되는 책을 만들겠습니다.

4. 순전히 행하겠습니다
책을 만들고 전하는 일과 경영하는 일에 부끄러움이 없는
정직함으로 행하겠습니다.

5. 끝까지 전파하겠습니다
모든 사람에게, 땅 끝까지, 주님 오시는 그날까지
복음을 전하는 사명을 다하겠습니다.

서점 안내

광화문점	서울시 종로구 새문안로 69 구세군회관 1층 02)737-2288 / 02)737-4623(F)
강남점	서울시 서초구 신반포로 177 반포쇼핑타운 3동 2층 02)595-1211 / 02)595-3549(F)
구로점	서울시 동작구 시흥대로 602, 3층 302호 02)858-8744 / 02)838-0653(F)
노원점	서울시 노원구 동일로 1366 삼봉빌딩 지하 1층 02)938-7979 / 02)3391-6169(F)
분당점	경기도 성남시 분당구 황새울로 315 대현빌딩 3층 031)707-5566 / 031)707-4999(F)
일산점	경기도 고양시 일산서구 중앙로 1391 레이크타운 지하 1층 031)916-8787 / 031)916-8788(F)
의정부점	경기도 의정부시 청사로47번길 12 성산타워 3층